# SYNDROME DU CÔLON IRRITABLE

**Dans la même collection SAVOIR QUOI MANGER**

Alexandra Leduc, *Diabète,* 2013

Alexandra Leduc, *Hypoglycémie,* 2013

Nathalie Verret, *Maladies cardiovasculaires,* 2013

Marise Charron et Elisabeth Cerqueira, *Arthrite et inflammation,* 2013

Alexandra Leduc, *Ménopause*, 2014

Alexandra Leduc, *Cholestérol,* 2014

Elisabeth Cerqueira et Marise Charron, *Sans gluten,* 2014



LES PUBLICATIONS MODUS VIVENDI INC.
55, rue Jean-Talon Ouest
Montréal (Québec) H2R 2W8
CANADA

**www.groupemodus.com**

Éditeur : Marc Alain
Éditrice déléguée : Isabelle Jodoin
Adjointe à l'édition et réviseure : Nolwenn Gouezel
Designers graphiques : Émilie Houle, Gabrielle Lecomte et Marianne Lapointe
Photographe des recettes : André Noël
Styliste culinaire : Gabrielle Dalessandro
Photographies supplémentaires : Dreamstime.com

IBSN 978-2-89523-779-2

Dépôt légal — Bibliothèque et Archives nationales du Québec, 2014
Dépôt légal — Bibliothèque et Archives Canada, 2014



Nous reconnaissons l'aide financière du gouvernement du Canada par l'entremise du Fonds du livre du Canada pour nos activités d'édition.

Gouvernement du Québec — Programme de crédit d'impôt pour l'édition de livres — Gestion SODEC

Imprimé en Chine en janvier 2015

SAVOIR
QUOI
MANGER

# SYNDROME DU CÔLON IRRITABLE

## 21 JOURS DE MENUS

**Alexandra Leduc**, nutritionniste-diététiste, Dt.P.

MODUS VIVENDI

# TABLE des matières

# INTRODUCTION

Le syndrome du côlon irritable, aussi appelé syndrome de l'intestin irritable ou colopathie fonctionnelle, est un problème de santé de plus en plus répandu qui se manifeste par des douleurs abdominales, des troubles du transit intestinal, des ballonnements et des flatulences en quantité excessive. Ce sont autant de symptômes qui peuvent perturber occasionnellement les activités professionnelles et domestiques des personnes atteintes dont la plupart souffrent en silence.

Le syndrome du côlon irritable n'est pas une maladie à part entière; il est davantage traité comme un problème fonctionnel. L'alimentation n'est donc pas considérée comme un traitement. Toutefois, un régime alimentaire adapté permet de limiter les symptômes (douleurs et inconforts), leur durée et leur fréquence, et d'améliorer ainsi la qualité de vie.

Chaque personne réagissant différemment aux aliments, il est nécessaire que vous appreniez à reconnaître ceux qui vous conviennent et ceux qui vous occasionnent des problèmes digestifs. Cet ouvrage vous aidera à mieux identifier certains de ces aliments et à élaborer votre propre régime alimentaire. N'hésitez pas à consulter un nutritionniste pour adapter plus facilement votre alimentation à votre condition physique et éviter certaines carences alimentaires.

Si vous pensez avoir des allergies ou des intolérances alimentaires (par exemple au gluten ou au lactose) ou encore une problématique sévère dont les symptômes ne s'estompent pas, il est important de ne pas vous auto-diagnostiquer et de consulter plutôt votre médecin.

# LE SYNDROME du côlon irritable

Le syndrome du côlon irritable est lié à une hypersensibilité de la paroi intestinale et à une motricité capricieuse du côlon tantôt hyperactif ou tantôt paresseux. Souffrir du syndrome du côlon irritable n'est pas particulièrement dangereux pour la santé, mais cela occasionne des douleurs et de l'inconfort. Ses causes sont encore mal connues. Il se déclare généralement au tout début de l'âge adulte, et les femmes sont généralement plus touchées que les hommes.

Le syndrome du côlon irritable est un problème fonctionnel de l'intestin et non pas une forme d'allergie ou d'intolérance alimentaire. Même si les symptômes peuvent être similaires, il ne faut pas le confondre avec les intolérances au gluten et au lactose, qui sont exclusivement des intolérances à l'une ou l'autre de ces substances. Le syndrome du côlon irritable regroupe quant à lui de multiples symptômes, y compris l'intolérance à différents aliments, mais pas uniquement au gluten ou au lactose.

## PETIT COURS DE BIOLOGIE

Les principales fonctions du côlon (gros intestin) sont de stocker les déchets de la digestion et d'assurer la réabsorption partielle de l'eau et des nutriments contenus dans ceux-ci. Par conséquent, un transit trop rapide réduit la quantité d'eau réabsorbée et les selles deviennent anormalement fluides, ce qui provoque des diarrhées. À l'inverse, un transit trop lent entraîne une réabsorption excessive de l'eau, et les selles deviennent dures et sèches, ce qui cause de la constipation.

Lorsque les bactéries présentes dans le côlon s'attaquent aux substances que l'estomac et l'intestin grêle n'ont pas digérées, des gaz intestinaux se forment. C'est une réaction normale. Toutefois, certains aliments contribuent plus que d'autres à la formation de ces gaz intestinaux. Produits en trop grande quantité, ils entraînent des ballonnements et des flatulences en quantité excessive.

La fatigue, le stress, l'état émotif et parfois les changements hormonaux entraînent une stimulation du système nerveux, donc du système digestif par le fait même. Là encore, il s'agit d'une réaction normale, mais les personnes souffrant du syndrome du côlon irritable sont plus sensibles à ces mouvements normaux de l'intestin, ce qui leur cause de la douleur.

# LES SYMPTÔMES DU CÔLON IRRITABLE

Le syndrome du côlon irritable est un problème chronique pouvant se manifester de plusieurs façons.

**Symptômes fréquents**

- Douleurs, constipation
- Diarrhée
- Ballonnements
- Crampes
- Activité intestinale bruyante
- Mucus dans les selles
- Flatulences

**Symptômes moins fréquents**

- Maux de tête
- Nausées, brûlures d'estomac
- Douleurs pelviennes
- Douleurs dans le bas du dos
- Troubles du sommeil

Quels qu'ils soient, les symptômes sont récurrents et apparaissent de façon intermittente avec des périodes de rémission plus ou moins longues. En période de stress, ils sont plus susceptibles de se manifester. Ils apparaissent alors généralement après les repas. Souvent absents au réveil, ils s'accentuent tout au long de la journée.

Attention, contrairement à une idée reçue, les aliments ne peuvent pas déclencher les crises. La plupart du temps, celles-ci sont provoquées par le stress, la fatigue ou les changements d'habitudes alimentaires, par exemple lors d'un voyage.

Contrairement à de nombreuses maladies intestinales comme la colite ulcéreuse ou la maladie de Crohn, le syndrome du côlon irritable est une condition bénigne. Il n'entraîne pas d'inflammation et n'endommage pas la paroi intestinale. Il n'augmente donc pas le risque de cancer du côlon. Ce sont les symptômes récurrents, comme la diarrhée ou la constipation, qui peuvent causer à la longue des problèmes spécifiques tels que la déshydratation et la dénutrition.

# LES RECOMMANDATIONS GÉNÉRALES

Hormis les traitements symptomatiques destinés, comme leur nom l'indique, à soulager les symptômes, il n'existe pas, à l'heure actuelle, de solutions médicales pour soigner le syndrome du côlon irritable qui, rappelons-le, n'est pas une maladie mais un trouble fonctionnel.

Voici quelques conseils pour limiter les symptômes.

## UNE ALIMENTATION ADAPTÉE

Le meilleur traitement du syndrome du côlon irritable reste encore une alimentation adaptée. Il faut comprendre que ce syndrome ne se manifeste pas de la même façon pour tout le monde et que certains aliments peuvent convenir à certains, mais pas à d'autres. C'est à vous d'apprendre à reconnaître les aliments que vous tolérez et ceux qui, au contraire, ne vous conviennent pas. Qui plus est, certains aliments peuvent vous convenir lorsque vous allez bien, mais être moins bien tolérés en périodes de crise ou de stress. C'est pourquoi un aliment n'est pas nécessairement à éliminer radicalement de votre alimentation. Évitez à la fois les excès et les restrictions abusives. (Voir les recommandations alimentaires au quotidien, p. 15.)

## UNE BONNE GESTION DU STRESS

Plusieurs études démontrent que le syndrome du côlon irritable est lié à la sensibilité des personnes aux mouvements normaux de l'intestin, habituellement imperceptibles. Le stress active ces mouvements, et ce, même chez les individus ne présentant pas de problèmes gastro-intestinaux. Bien que le stress ne soit pas reconnu comme étant une cause directe du syndrome, il semble en accentuer les symptômes. Études à l'appui, mieux gérer son stress permet de diminuer la fréquence, la durée et la gravité des symptômes chez de nombreuses personnes atteintes.

L'activité physique, la relaxation et le yoga sont différentes façons de diminuer et de mieux contrôler son stress. À chacun sa méthode, alors essayez de trouver des remèdes quotidiens pour évacuer le stress et gérer les contrariétés, comme prendre un bon bain, cuisiner ou écouter de la musique. Une aide extérieure en psychothérapie peut également être utile.

## UNE MEILLEURE HYGIÈNE DE VIE

Pour mieux gérer l'anxiété, mais aussi pour lutter contre la constipation, il est recommandé de faire une demi-heure d'exercice physique par jour.

Des cycles de sommeil réguliers sont également recommandés.

Enfin, il est fortement conseillé d'arrêter de fumer, car la nicotine est un facteur aggravant.

# RECOMMANDATIONS ALIMENTAIRES au quotidien

Les recommandations proposées dans ce chapitre visent surtout à diminuer l'hyperstimulation et l'hyperdistension (gonflements importants) des intestins, lesquelles provoquent des inconforts (douleurs abdominales, flatulences, gaz et troubles du transit).

Si vous avez des doutes ou si vous souffrez de symptômes non contrôlés, il est fortement conseillé de consulter votre médecin et de rencontrer une nutritionniste pour vous proposer des recommandations individuelles.

## LISTE DES RECOMMANDATIONS :

1. Augmentez votre consommation de fibres solubles
2. Diminuez votre consommation de fibres insolubles
3. Adoptez une alimentation pauvre en FODMAPs
4. Prenez toujours des repas équilibrés
5. Prenez vos repas à heures fixes
6. Buvez beaucoup d'eau
7. Adoptez un régime pauvre en matière grasse
8. Évitez les mets très épicés
9. Réduisez le plus possible votre consommation de sucres raffinés
10. Limitez au maximum votre consommation de caféine et d'alcool

# 1 AUGMENTEZ VOTRE CONSOMMATION DE FIBRES SOLUBLES

Les fibres solubles sont dites « douces », car elles sont moins irritantes pour la paroi intestinale que les fibres insolubles. Les fibres solubles gonflent au contact de l'eau dans l'estomac, se transforment en une sorte de gel pendant la digestion et permettent aux selles de passer plus facilement dans l'intestin. Elles sont reconnues pour aider à contrôler principalement la diarrhée, mais aussi la constipation, en rétablissant le mouvement normal de l'intestin.

Il est fortement recommandé de bien répartir les aliments riches en fibres solubles tout au long de la journée plutôt que de les consommer au cours d'un même repas afin d'assurer le mouvement normal et régulier de l'intestin.

Augmentez graduellement la quantité de fibres solubles dans votre alimentation, par exemple en ajoutant une portion supplémentaire par semaine d'un aliment riche en fibres solubles. Pour éviter les risques de constipation, augmentez également votre consommation d'eau.

**Les meilleures sources de fibres solubles**

- Produits céréaliers et graines
  Avoine et autres produits à base d'avoine (céréales d'avoine de type Cheerios original, farine d'avoine, gruau, pain de son d'avoine, son d'avoine), graines de chia, millet, poudre de psyllium, quinoa, riz basmati, sarrasin, tapioca
- Fruits
  Ananas, bananes, bleuets, canneberges, citrons, clémentines, fruits de la passion, kiwis, kumquats, limes, mandarines, mûres, nectarines, oranges, pamplemousses, rhubarbe, tangerines

Attention, tous les produits céréaliers et tous les fruits ne sont pas riches en fibres solubles. Reportez-vous à la liste précédente pour connaître les principales sources.

## Conseils pour consommer plus de fibres solubles

- Augmentez graduellement votre consommation de fibres solubles en choisissant du pain à base d'avoine plutôt que de blé.
- Choisissez du gruau ou des céréales à base d'avoine au petit-déjeuner.
- Ajoutez du son d'avoine dans vos yogourts, mais aussi dans vos préparations de muffins, crêpes et gâteaux en remplacement d'une partie de la farine de blé, ou dans vos recettes en remplacement d'une partie de la chapelure.
- Augmentez votre consommation de fruits riches en fibres solubles en les intégrant à vos collations.
- Saupoudrez vos céréales et vos yogourts de céréales enrichies de psyllium ou de graines de chia.
- Ajoutez du quinoa dans vos plats mijotés au lieu des pâtes de blé.

## 2 DIMINUEZ VOTRE CONSOMMATION DE FIBRES INSOLUBLES

Les fibres insolubles sont dites « dures » et sont plus irritantes pour la paroi intestinale que les fibres solubles. C'est pourquoi il est recommandé aux personnes souffrant du syndrome du côlon irritable d'en diminuer la consommation. Plus ou moins bien tolérées selon les personnes, elles peuvent exacerber les symptômes en accentuant, par exemple, les ballonnements et les douleurs intestinales. Toutefois, si une personne souffre de constipation, la consommation de fibres ne ralentira pas son transit pour autant.

Il est recommandé entre autres de diminuer les sources de blé, lesquelles sont très présentes dans l'alimentation. En plus de contenir des fibres irritantes, le blé aurait tendance à être plus fermenticible que d'autres céréales, ce qui pourrait causer davantage de ballonnements et de gaz à l'origine des inconforts digestifs. Qui plus est, les fibres insolubles, surtout celles contenues dans le blé entier, sont irritantes et peuvent parfois même augmenter la diarrhée chez certaines personnes.

Attention, le but n'est pas d'éliminer les sources de fibres insolubles, mais d'essayer de les limiter chaque jour et lors d'un même repas.

**Les principales sources de fibres insolubles**

- Produits céréaliers et graines
  Blé, son de blé, germe de blé, pain de blé entier, céréales de type All-Bran ou Bran Flakes, pain multigrain, pâtes de blé entier, boulgour, céréales multigrains, épeautre, kamut, couscous
- Fruits et légumes
  Légumes et fruits crus à fibres dures (pomme, poire, raisins, papaye, maïs entier, petits pois, brocoli, chou de Bruxelles, pommes de terre avec la pelure, carottes), salade, fruits séchés
- Graines, noix et légumineuses
  Graines de lin, toutes les noix et légumineuses

## Conseils pour limiter les troubles liés aux fibres insolubles

- Consommez les fibres insolubles de préférence à la fin des repas, mais jamais lorsque vous avez l'estomac vide.
- Consommez les légumes cuits, plus faciles à digérer que les crus.
- Remplacez les aliments contenant du blé par des aliments riches en fibres solubles.
- Consommez en petites quantités, et selon votre tolérance, les graines, noix et légumineuses.

# 3 ADOPTEZ UNE ALIMENTATION PAUVRE EN FODMAPs

FODMAPs est l'acronyme pour « fermantables oligo-di-monosaccharides et polyols ». Ce sont des glucides présents dans certains aliments qui, une fois ingérés, peuvent fermenter et créer ainsi des gaz et des ballonnements.

Une alimentation pauvre en FODMAPs permet de réduire à la fois les douleurs, les ballonnements et les flatulences.

Le tableau suivant vous permet d'identifier facilement les aliments susceptibles de vous incommoder. Encore une fois, chaque personne est différente, et certains aliments de la liste peuvent vous convenir même s'ils contiennent des FODMAPs.

| **Les aliments contenant des FODMAPs (à éviter)** | |
|---|---|
| Fruits et légumes | • Choux, choux-fleurs, choux de Bruxelles, brocoli, poireaux, artichauts, asperges, betteraves, aubergines, champignons, maïs sucré, pois mange-tout, poivrons verts, fenouil, ail, oignons, échalotes<br>• Pommes, poires, mangues, melons, cerises, mûres, nectarines, prunes, abricots, avocat, litchis, fruits séchés, noix et lait de coco |
| Lait et substituts (selon votre tolérance) | • Lait de vache, lait de chèvre, fromages mous (cottage, ricotta, à la crème, mascarpone)<br>• Yogourts, yogourts glacés, crèmes glacées, desserts au lait |
| Produits céréaliers | • Seigle, blé, orge<br>• Inuline (ajoutée dans les aliments) |
| Protéines | • Légumineuses (haricots, haricots rouges, lentilles, pois chiches, etc.)<br>• Pistaches, noix de cajou, noix de Grenoble, etc. |
| Autres | • Agar-agar, carraghénine<br>• Margarine<br>• Alcools forts<br>• Miel, chocolat, sirop d'agave, fructose, sirop de maïs à haute teneur en fructose (boissons gazeuses), agents sucrants (sorbitol, mannitol, isomalt, maltitol, xylitol) |

| Les aliments plus faibles en FODMAPs (à favoriser) | |
|---|---|
| Fruits et légumes | • Kiwi, mandarine, tangerine, orange, pamplemousse, rhubarbe, banane, cantaloup, raisins, canneberges, framboises, fraises, bleuets<br>• Carottes, panais, haricots verts et jaunes, laitue, pommes de terre, patates douces, citrouille, navets, courgettes, poivrons rouges, épinards, tomates, olives |
| Lait et substituts (selon votre tolérance) | • Lait sans lactose, boissons d'amandes, boissons de soya, fromages fermes, yogourts sans lactose, beurre |
| Produits céréaliers | • Avoine, riz, quinoa, épeautre, sarrasin |
| Protéines | • Poulet, boeuf maigre, porc, œufs, poisson, tofu (en petite quantité) |
| Autres | • Sucre blanc, sirop d'érable, mélasse, graines, amandes (à consommer en petite quantité) |

## Conseils pour limiter les gaz et les ballonnements

- Consommez peu ou pas d'aliments gazogènes, comme les aliments riches en FODMAPs.
- Ne buvez pas avec une paille.
- Évitez également d'avaler de l'air : bannissez les gommes à mâcher et prenez votre temps pour manger. Les personnes qui mangent rapidement font passer de l'air dans le tube digestif sans s'en rendre compte.
- Prenez le temps de manger tranquillement et de bien mastiquer. Vous éviterez ainsi les sensations de ballonnements, voire de nausées, qui apparaissent après les repas pris sur le pouce. Qui plus est, la mastication déclenche la sécrétion de sucs digestifs dans l'estomac qui aident à mieux digérer les aliments.

# 4 PRENEZ TOUJOURS DES REPAS ÉQUILIBRÉS

Vous devez veiller à avoir une alimentation bien balancée à chaque repas.

Préparez-vous une assiette équilibrée le midi et le soir. Choisissez une source de protéines pauvre en matière grasse qui comblera le quart de votre assiette. C'est suffisant pour obtenir les protéines et les nutriments dont vous avez besoin.

Remplissez l'autre quart de votre assiette de féculents. Accordez une place de choix aux fibres solubles.

Garnissez la moitié restante de votre assiette de légumes plus faciles à digérer.

Prenez une collation si vous avez faim dans la matinée, l'après-midi ou la soirée.

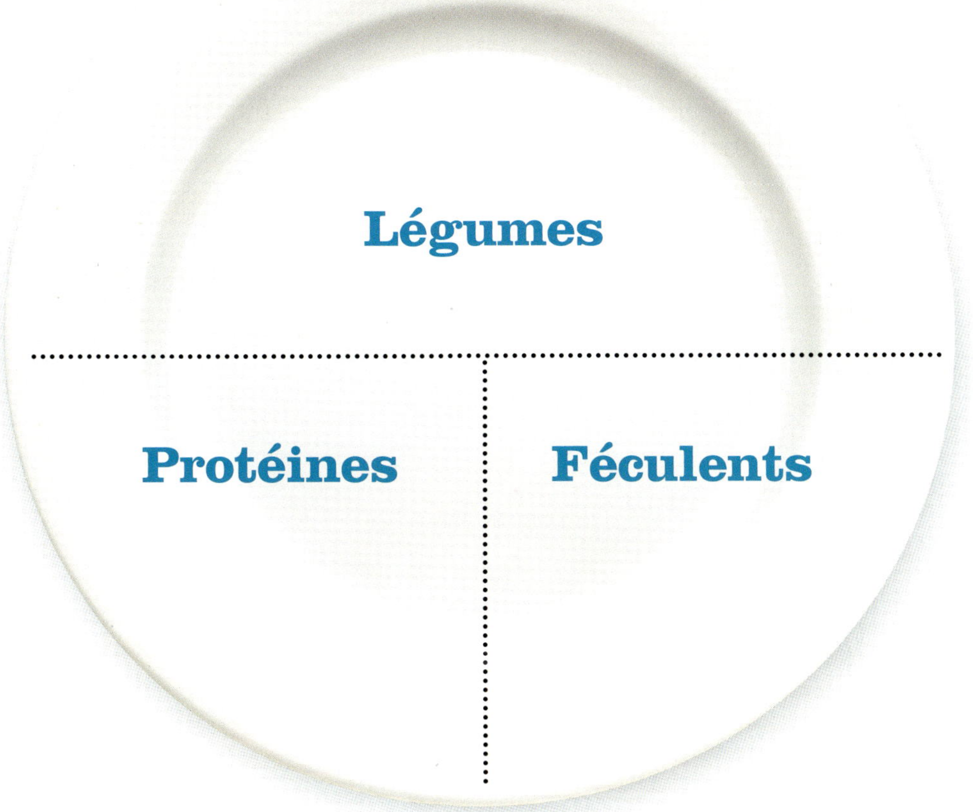
Légumes
Protéines
Féculents

## 5 PRENEZ VOS REPAS À HEURES FIXES

Il est recommandé de consommer quotidiennement trois petits repas, à heures fixes, et d'ajouter au besoin trois collations réparties dans la journée.

Ne sautez pas de repas et, à l'inverse, évitez ceux qui sont trop copieux, car il est préférable de ne pas surcharger le système digestif. Prévoyez plutôt une collation si vous craignez d'avoir un petit creux.

## 6 BUVEZ BEAUCOUP D'EAU

L'eau permet de diminuer le risque de constipation et de bien vous hydrater, ce qui est essentiel.

Buvez beaucoup d'eau : au moins 1 à 1,5 l (4 à 6 verres) par jour et de préférence en dehors des repas. Prenez l'habitude de garder une bouteille d'eau avec vous et de boire régulièrement tout au long de la journée.

## 7 ADOPTEZ UN RÉGIME PAUVRE EN MATIÈRE GRASSE

Il est recommandé de diminuer toutes les sources de matière grasse. Insaturés, saturés ou trans, les gras sont à limiter quels qu'ils soient. Ils ralentissent la digestion et stimulent fortement les contractions de l'intestin, aussi appelés « réflexes gastro-coliques ».

S'il vous arrive de vous laisser tenter par un aliment riche en matière grasse, consommez-le en même temps que des fibres solubles.

**Conseils pour limiter votre consommation de matière grasse**

- Évitez les fritures, les viandes grasses, les fromages gras, les mets renfermant beaucoup d'huile, les pâtés, les croustilles et les pâtisseries.
- Préférez les viandes maigres (poulet, porc, bœuf maigre, gibier, cheval), le fromage à moins de 20 % M.G., le poisson, le lait à 1 % M.G. et moins.
- Utilisez des casseroles et des poêles antiadhésives le plus souvent possible afin de limiter votre consommation de matière grasse lors de la cuisson.
- Incorporez des bouillons de légumes au lieu d'utiliser des huiles ou de la crème dans les sauces.
- Remplacez certaines huiles par des purées de fruit dans vos préparations de pains ou de gâteaux.
- Utilisez de la poudre de cacao, laquelle est dépourvue de matières grasses, au lieu du chocolat de cuisine en barres.

# 8 ÉVITEZ LES METS TRÈS ÉPICÉS

Les mets épicés peuvent irriter l'intestin et causer des inconforts. Pour rehausser vos plats, remplacez les épices (assaisonnement au chili, assaisonnement à la cajun, cari, etc.) par des fines herbes (basilic, menthe, origan, thym, aneth, coriandre, persil).

Sachez que la menthe poivrée en feuilles peut soulager les crampes abdominales, car elle favorise la détente des muscles intestinaux. Il peut être intéressant d'en consommer sous forme de tisane.

# 9 RÉDUISEZ LE PLUS POSSIBLE VOTRE CONSOMMATION DE SUCRES RAFFINÉS

La consommation excessive de sucres raffinés peut augmenter la diarrhée et les inconforts digestifs.

**Quelques aliments riches en sucres raffinés à éviter**

- Biscuits, gâteaux, tartes, crèmes glacées et popsicles
- Sucre blanc, miel et sirop d'érable
- Boissons gazeuses, jus et cocktails aux fruits
- Bonbons et friandises au chocolat
- Pâtisseries et gâteaux

**Conseils pour réduire les sucres raffinés dans votre alimentation**

- N'ajoutez pas de sucre blanc (ou essayez de diminuer la quantité) dans vos céréales et vos boissons.
- Préférez l'eau du robinet aux jus et aux boissons gazeuses, même si elles sont étiquetées « diète ».
- Cuisinez le plus souvent possible vos repas et collations, et réduisez de moitié le sucre demandé dans les recettes. Vous pouvez également choisir de la compote de pommes sans sucre ajouté pour remplacer le sucre dans certaines recettes.
- Évitez les desserts du commerce.
- Lisez les étiquettes nutritionnelles pour choisir des aliments contenant moins de sucre.

## 10 LIMITEZ AU MAXIMUM VOTRE CONSOMMATION DE CAFÉINE ET D'ALCOOL

La caféine et la théine stimulent l'activité de l'intestin et peuvent causer des diarrhées ou des inconforts. Évitez le café, le thé, les boissons énergisantes à base de caféine, le chocolat et l'alcool, car ils sont acides et peuvent irriter davantage la muqueuse intestinale.

Si vous désirez en consommer occasionnellement, il est conseillé de les prendre en mangeant. Ne buvez pas de café à jeun le matin ni d'alcool entre les repas ou en apéritif.

# LES ALIMENTS À PRIVILÉGIER

### Féculents à fibres douces pauvres en FODMAPs

Pain de son, d'avoine, gruau, farine et son d'avoine, céréales d'avoine de type Cheerios original, pain de kamut, riz basmati, millet, quinoa, sarrasin, psyllium, graine de chia.

### Légumes cuits et pauvres en FODMAPs

Carottes, panais, pommes de terre sans pelure, patates douces, courges, courgettes, haricots verts, épinards, céleri, tomates, artichauts.

### Fruits frais et pauvres en FODMAPs

Bleuets, canneberges, framboises, fraises, kumquats, clémentines, mandarines, oranges, limes, citrons, pamplemousses, bananes, ananas, rhubarbe, tamarillo, kiwis, fruits de la passion (leurs petits noyaux pourraient irriter l'intestin chez certaines personnes. À consommer selon votre tolérance).

### Poissons et fruits de mer

Au moins deux fois par semaine.

### Protéines animales maigres

Poulet, bœuf maigre, porc, œufs.

### Produits laitiers maigres (selon votre tolérance)

Lait 1 % M.G., fromage 20 % M.G. et moins, yogourts.

### Huiles végétales

Huile d'olive, huile de canola, huile de tournesol en petites quantités.

### Plats cuisinés à la vapeur, en papillote ou grillés

### Desserts maison préparés avec moins de sucre

## LES ALIMENTS À ÉVITER

**Produits céréaliers riches en fibres dures et en FODMAPs**
Blé entier, son de blé, germe de blé, céréales de type All-Bran ou Bran Flakes, céréales multigrains, pain multigrain, pain aux graines de lin, pain et pâtes de blé entier, boulgour, seigle, orge.

**Légumes riches en FODMAPs**
Salade et légumes crus, brocoli, choux-fleurs, choux, choux de Bruxelles, choux de Savoie, choux chinois, navets, rutabagas, oignons, petits pois, maïs, concombres, radis, betterave, fenouil, poireaux, aubergines, ail, échalote, oignon vert, avocat.

**Fruits riches en FODMAPs**
Pommes, poires, mangues, melon, fruits séchés, abricots, nectarines, pêches, mûres, cerises.

**Légumineuses, noix, graines de lin et autres graines non moulues**

**Sucres raffinés**
Sucre blanc, bonbons, confiture, miel, sirop d'érable, pâtisseries, biscuits, céréales à petit-déjeuner sucrées, gâteaux, beignets, crèmes glacées, sorbets, fruits confits, chocolat, boissons gazeuses, jus ou cocktails de fruits, pâtes à pizza, pain blanc, pâtes blanches.

**Graisses animales**
Charcuterie, viandes grasses, saindoux, beurre, fromage, crème 35 % M.G.

**Aliments très salés**
Biscuits d'apéritif, charcuterie, soupes en conserve, jus de légumes, marinades.

**Aliments riches en gras**
Fritures, croustilles, aliments panés, pâtisseries, pâtés, tartes, sauces à base de crème.

**Épices**

**Alcool, café et boissons gazeuses**

# RECOMMANDATIONS ALIMENTAIRES
## en cas de crise

On nomme « crise » le moment où les symptômes sont très exacerbés et parfois accompagnés de diarrhée ou de constipation récurrente. En épisode de crise, l'intestin étant fragile et souvent irrité, vous devez suivre les directives suivantes.

Diminuez tous les aliments riches en FODMAPs et diminuez toutes les sortes de fibres (dures et douces) pendant 2 à 3 semaines, puis augmentez graduellement les fibres douces. Après quelques semaines, réintégrez en petites quantités les fibres plus dures. Il est important ensuite de tenter de revenir graduellement à une alimentation normale. Aucun aliment particulier ne peut entraîner une crise, alors réintroduisez tous les aliments un à un. Veillez à ne pas consommer trop d'aliments riches en FODMAPs.

Des probiotiques peuvent être recommandés pendant 1 à 2 mois pour aider à diminuer les symptômes. « Lactibiane Tolérance » et « Align » sont deux sortes de probiotiques retrouvés en pharmacie qui démontrent une efficacité pour soulager le syndrome du côlon irritable. Renseignez-vous auprès de votre nutritionniste.

# JOURNAL alimentaire

Il peut être intéressant de tenir un journal alimentaire pendant quelques semaines afin de voir si certains aliments causent plus de problèmes que d'autres. Notez ce que vous mangez à chaque repas et identifiez les symptômes associés. Si vous doutez d'un aliment, retirez-le de votre alimentation et voyez si vous vous sentez mieux. Réintégrez-le plus tard pour voir si les mêmes symptômes réapparaissent.

Une fois ces aliments identifiés, il est important de les éliminer de votre alimentation. Si vous renoncez à plusieurs aliments, soyez prudent afin d'éviter les carences alimentaires. Si vous avez de la difficulté à déterminer quels sont les aliments problématiques ou à équilibrer votre menu, un nutritionniste-diététiste peut vous aider.

N'oubliez pas que les tolérances aux aliments sont individuelles. Certaines personnes vont tolérer tous les aliments tandis que d'autres auront des problèmes avec un ou plusieurs d'entre eux. La difficulté du traitement alimentaire réside dans le fait que chaque cas est unique.

Rappelez-vous qu'il n'y a pas de règles absolues. Un même aliment peut vous convenir pendant un temps et vous incommoder à un autre moment.

Si certains des aliments déconseillés dans cet ouvrage ne vous incommodent pas, vous n'avez aucune raison de les éviter. Écoutez votre corps.

# LES MENUS
## 21 JOURS

Les menus de cet ouvrage ont été élaborés afin que vous ayez chaque jour tous les nutriments et l'énergie nécessaires. Les repas et collations sont interchangeables d'une journée à l'autre.

Vous remarquerez également que les repas du midi sont souvent les restes du soir précédent. Vous devez donc ajuster les portions en doublant au besoin vos recettes pour avoir des restes pour le lendemain.

Les collations sont données à titre indicatif et doivent être consommées uniquement si vous avez faim entre les repas. Fiez-vous également à votre appétit pour savoir quelle portion mettre dans votre assiette. Essayez de manger de tout, mais ne vous forcez pas pour terminer si vous n'avez plus faim. Si vous avez un petit appétit, veillez tout particulièrement à varier les aliments au cours de la journée, et ce, dans chacun des trois groupes (protéines, féculents et légumes) à chaque repas.

Planifiez votre semaine avec les menus proposés et préparez votre liste d'épicerie pour acheter les ingrédients qu'il vous manque pour préparer les recettes.

# JOUR 1

## MATIN

Gruau oméga-3 (p. 60)

**Collation**
2 clémentines

## MIDI

1 sandwich à la mousse de saumon (p. 84)
servi avec des crudités de légumes tendres

**Collation**
1 yogourt aux fruits

## SOIR

Salade mexicaine au quinoa (p. 87)

**Collation**
1 pêche

# JOUR 2

## MATIN

1 ou 2 tranches de pain de son d'avoine
15 g (1 c. à soupe) de beurre de noix
1 banane

**Collation**
125 g (½ tasse) de compote
de pommes sans sucre ajouté

## MIDI

Salade mexicaine au quinoa (p. 87)

**Collation**
1 muffin aux framboises (p. 74)

## SOIR

Quiche aux poivrons (p. 88)
servie avec une salade de légumes tendres

**Collation**
45 g (½ tasse) de céréales d'avoine

125 ml (½ tasse) de lait ou
de boisson de soya nature

# JOUR 3

## MATIN

1 smoothie choco-banane (p. 62)
1 muffin aux framboises (p. 74)

**Collation**
75 g (½ tasse) de petits fruits

## MIDI

Quiche aux poivrons (p. 88)
servie avec une salade de légumes tendres

**Collation**
1 yogourt aux fruits

## SOIR

Casserole de sole aux herbes (p. 90)

**Collation**
90 g (½ tasse) de pêches en conserve

# JOUR 4

## MATIN

65 g (¾ tasse) de céréales d'avoine
125 ml (½ tasse) de lait ou de boisson de soya nature
1 banane

**Collation**
1 galette aux raisins secs (p. 77)

## MIDI

Casserole de sole aux herbes (p. 90)

**Collation**
1 orange

## SOIR

Potage de bœuf et d'orge (p. 92)

**Collation**
1 yogourt aux fruits
2 petits biscuits secs

# JOUR 5

## MATIN

175 g (¾ tasse) de fromage cottage
80 g (½ tasse) de fruits frais
1 tranche de pain de son d'avoine

**Collation**
1 yogourt aux fruits

## MIDI

Potage de bœuf et d'orge (p. 92)

**Collation**
80 g (½ tasse) d'ananas

## SOIR

Porc farci aux olives (p. 94)
servi avec des fettucinis, des courgettes
et des tomates cerises

**Collation**
1 muffin aux framboises (p. 74)

125 ml (½ tasse) de lait ou de boisson
de soya nature

# JOUR 6

## MATIN

1 muffin aux poires épicées (p. 78)
250 ml (1 tasse) de lait ou de boisson de soya nature
75 g (½ tasse) de petits fruits

**Collation**
1 yogourt aux fruits

## MIDI

Porc farci aux olives (p. 94)
servi avec des fettucinis, des courgettes
et des tomates cerises

**Collation**
1 galette aux raisins secs (p. 77)

## SOIR

Poulet aux pommes (p. 96)
servi avec du riz brun

**Collation**
1 banane

# JOUR 7

## MATIN

Déjeuner énergie (p. 64)

**Collation**
90 g (½ tasse) de pêches en conserve

## MIDI

Poulet aux pommes (p. 96)
servi avec du riz brun

**Collation**
25 g (1 oz) de fromage pauvre en matière grasse

60 g (½ tasse) de framboises

## SOIR

Ragoût de saucisses (p. 98)

**Collation**
20 g (2 tasses) de pop-corn maison

# JOUR 8

## MATIN

Crème d'avoine (p. 66)
75 g (½ tasse) de petits fruits

**Collation**
90 g (½ tasse) de pêches en conserve

## MIDI

Ragoût de saucisses (p. 98)

**Collation**
1 yogourt aux fruits

## SOIR

Tacos aux œufs (p. 100)

**Collation**
125 ml (½ tasse) de lait ou de boisson de soya nature

1 banane

# JOUR 9

## MATIN

65 g (¾ tasse) de céréales d'avoine
125 ml (½ tasse) de lait ou de boisson de soya nature
1 banane

**Collation**
1 biscuit aux fruits (p. 80)

## MIDI

Tacos aux œufs (p. 100)

**Collation**
80 g (½ tasse) d'ananas

## SOIR

Mijoté de poulet (p. 102)

**Collation**
1 yogourt aux fruits
2 petits biscuits secs

# JOUR 10

## MATIN

Gruau oméga-3 (p. 60)

**Collation**
125 g (½ tasse) de compote
de pommes sans sucre ajouté

## MIDI

Mijoté de poulet (p. 102)

**Collation**
1 yogourt aux fruits

## SOIR

Saumon aux nouilles soba (p. 105)

**Collation**
1 biscuit aux fruits (p. 80)

# JOUR 11

## MATIN

1 ou 2 tranches de pain de seigle ou de son d'avoine
15 g (1 c. à soupe) de beurre de noix

**Collation**
1 banane

## MIDI

Saumon aux nouilles soba (p. 105)

**Collation**
1 biscuit aux fruits (p. 80)

## SOIR

Salade-repas (p. 106)

**Collation**
1 yogourt aux fruits

# JOUR 12

## MATIN

Déjeuner énergie (p. 64)

**Collation**
1 orange

## MIDI

Salade-repas (p. 106)

**Collation**
1 yogourt aux fruits

## SOIR

Casserole végétarienne (p. 108)
servie avec du quinoa, du riz ou du couscous

**Collation**
45 g (½ tasse) de céréales d'avoine

125 ml (½ tasse) de lait ou de boisson de soya nature

# JOUR 13

## MATIN

1 ou 2 crêpes aux poires (p. 68)

**Collation**
1 muffin aux framboises (p. 74)

## MIDI

Casserole végétarienne (p. 108)
servie avec du quinoa, du riz ou du couscous

**Collation**
1 nectarine

## SOIR

Brochettes de crevettes (p. 110)
servies avec du riz au jasmin

**Collation**
20 g (2 tasses) de pop-corn maison

# JOUR 14

## MATIN

Omelette-déjeuner (p. 70)
1 ou 2 tranches de pain de son d'avoine
1 orange

**Collation**
125 g (½ tasse) de compote
de pommes sans sucre ajouté

## MIDI

Brochettes de crevettes (p. 110)
servies avec du riz au jasmin

**Collation**
1 galette aux raisins secs (p. 77)

## SOIR

Pochettes de veau tzatziki (p. 113)

**Collation**
1 yogourt aux fruits
2 petits biscuits secs

# JOUR 15

## MATIN

175 g (¾ tasse) de fromage cottage
80 g (½ tasse) de fruits frais
1 tranche de pain au kamut ou au son d'avoine

**Collation**
1 banane

## MIDI

Pochettes de veau tzatziki (p. 113)

**Collation**
1 galette aux raisins secs (p. 77)

## SOIR

Riz au porc à la mode chinoise (p. 114)
servi avec des poivrons et du brocoli

**Collation**
60 g (½ tasse) de yogourt grec nature
avec un filet de miel

# JOUR 16

## MATIN

Déjeuner énergie (p. 64)

**Collation**
60 g (¼ tasse) de granola
aux fruits secs (p. 82)

1 yogourt nature

## MIDI

Riz au porc à la mode chinoise (p. 114)
servi avec des poivrons et du brocoli

**Collation**
90 g (½ tasse) de pêches en conserve

## SOIR

Soupe à l'orientale (p. 116)

**Collation**
125 ml (½ tasse) de lait ou
de boisson de soya nature

2 petits biscuits secs

# JOUR 17

## MATIN

60 g (¼ tasse) de granola aux fruits secs (p. 82)
185 g (¾ tasse) de yogourt nature
75 g (½ tasse) de petits fruits

**Collation**
1 muffin aux framboises (p. 74)

## MIDI

Soupe à l'orientale (p. 116)

**Collation**
125 g (½ tasse) de compote
de pommes sans sucre ajouté

## SOIR

Cannellonis au fromage (p. 118)

**Collation**
1 biscuit aux fruits (p. 80)

# JOUR 18

## MATIN

1 smoothie rose (p. 72)
1 muffin aux poires épicées (p. 78)

**Collation**
1 biscuit aux fruits (p. 80)

## MIDI

Cannellonis au fromage (p. 118)

**Collation**
1 banane

## SOIR

Poisson pané (p. 120)
servi avec de l'orge, des champignons,
du brocoli et des haricots verts

**Collation**
60 g (¼ tasse) de granola
aux fruits secs (p. 82)

185 g (¾ tasse) de yogourt nature

# JOUR 19

## MATIN

1 ou 2 tranches de pain de son d'avoine
25 g (1 oz) de fromage léger

15 g (1 c. à soupe) de confiture pauvre en sucre

**Collation**
80 g (½ tasse) d'ananas

## MIDI

Poisson pané (p. 120)
servi avec de l'orge, des champignons,
du brocoli et des haricots verts

**Collation**
60 g (½ tasse) de yogourt grec nature
avec un filet de miel

## SOIR

Poulet au beurre d'arachide (p. 122)
servi avec des vermicelles de riz, des poivrons
et des champignons

**Collation**
125 ml (½ tasse) de lait
ou de boisson de soya nature
1 banane

# JOUR 20

## MATIN

45 g (¼ tasse) de granola aux fruits secs (p. 82)
185 g (¾ tasse) de yogourt nature

**Collation**
125 g (½ tasse) de compote
de pommes sans sucre ajouté

## MIDI

Poulet au beurre d'arachide (p. 122)
servi avec des vermicelles de riz, des poivrons
et des champignons

**Collation**
1 galette aux raisins secs (p. 77)

## SOIR

Bœuf aux légumes (p. 125)
servi avec de l'orge, des asperges
et des petits épis de maïs

**Collation**
45 g (½ tasse) de céréales d'avoine
125 ml (½ tasse) de lait ou de boisson
de soya nature

# JOUR 21

## MATIN

65 g (¾ tasse) de céréales d'avoine
125 ml (½ tasse) de lait ou de boisson de soya nature
1 banane

**Collation**
90 g (½ tasse) de pêches en conserve

## MIDI

Bœuf aux légumes (p. 125)
servi avec de l'orge, des asperges
et des petits épis de maïs

**Collation**
1 biscuit aux fruits (p. 80)

## SOIR

Linguines aux champignons (p. 126)
servies avec des jeunes pousses d'épinards

**Collation**
60 g (½ tasse) de yogourt grec nature
avec un filet de miel

# LES RECETTES

## 34 IDÉES SANTÉ

Tout au long de ce chapitre, vous trouverez des capsules INFO SANTÉ DIGESTIVE qui vous renseigneront sur les bienfaits de plusieurs aliments pour votre santé intestinale et votre confort digestif.

### PETITS-DÉJEUNERS



### COLLATIONS



### PLATS PRINCIPAUX

# GRUAU
## oméga-3

1 portion • **PRÉPARATION** : 5 minutes • **CUISSON** : 3 minutes

### INGRÉDIENTS

45 g (½ tasse) de flocons d'avoine à cuisson longue

180 ml (¾ tasse) de lait ou de boisson de soya nature

15 g (1 c. à soupe) de graines de chia

5 g (1 c. à thé) de miel

½ banane, coupée en morceaux

### PRÉPARATION

Mélanger les flocons d'avoine, le lait, les graines de chia et le miel.

Cuire au four à micro-ondes pendant 3 minutes en remuant toutes les minutes.

Ajouter les morceaux de banane et servir.

### VARIANTE

Vous pouvez remplacer le miel par 5 ml (1 c. à thé) de sirop d'érable.

### INFO SANTÉ DIGESTIVE

Particulièrement riche en fibres solubles, la graine de chia est favorable à la santé digestive. Elle est très nourrissante grâce à sa teneur élevée en protéines. C'est également une bonne source d'oméga-3, des acides gras qui aident à diminuer l'inflammation.

| **Valeur nutritive par portion** |
| --- |
| Teneur |
| **Calories 258** |
| **Lipides** 6 g |
| **Sodium** 90 mg |
| **Glucides** 40 g |
| fibres 6 g |
| **Protéines** 11 g |

# SMOOTHIE
## choco-banane

2 portions • PRÉPARATION : 5 minutes

### INGRÉDIENTS

- 120 g (½ tasse) de yogourt nature ordinaire ou grec
- ½ banane
- 125 ml (½ tasse) de lait
- 15 g (1 c. à soupe) de miel
- 5 g (1 c. à soupe) de poudre de cacao non sucrée

### PRÉPARATION

Mélanger tous les ingrédients au mélangeur ou au robot culinaire. Servir frais.

### CONSEIL PRATIQUE

Les bananes se congèlent très bien. Enlevez la pelure et placez-les au congélateur dans un sac ou un contenant hermétique.

### INFO SANTÉ DIGESTIVE

En plus de contenir du calcium, le yogourt nature est une bonne source de protéines. Il renferme naturellement des probiotiques, de bonnes bactéries recommandées pour la santé digestive. Le yogourt nature est exempt de sucre ajouté et d'additifs alimentaires, ce qui en fait un choix santé.

**Valeur nutritive par portion**

| **Teneur** |
|---|
| **Calories 130** |
| **Lipides** 2 g |
| **Sodium** 75 mg |
| **Glucides** 25 g |
| fibres 2 g |
| **Protéines** 7 g |

# DÉJEUNER énergie

1 portion • **PRÉPARATION** : 5 minutes • **REPOS** : 15 minutes

## INGRÉDIENTS

- 5 g (1 c. à thé) de miel
- 40 g (¼ tasse) de graines de chia
- 60 g (¼ tasse) de yogourt nature ordinaire ou grec
- 60 ml (¼ tasse) de jus d'orange 100 % pur
- 10 g (1 c. à soupe) d'amandes effilées
- 75 g (½ tasse) de petits fruits (framboises, bleuets, fraises)
- Le jus de ½ lime

## PRÉPARATION

Faire chauffer le miel au four à micro-ondes pendant 10 secondes.

Dans un bol, mélanger les graines de chia, le yogourt, le jus d'orange et le miel. Laisser reposer pendant 15 minutes.

Mélanger et garnir d'amandes et de petits fruits. Arroser d'un filet de jus de lime.

## CONSEIL PRATIQUE

La graine de chia est facile à conserver contrairement à la graine de lin. Vous pouvez simplement la garder dans un contenant hermétique dans votre garde-manger.

| **Valeur nutritive par portion** |
| --- |
| **Teneur** |
| **Calories 373** |
| **Lipides** 19 g |
| **Sodium** 55 mg |
| **Glucides** 42 g |
| fibres 20 g |
| **Protéines** 13 g |

# CRÈME d'avoine

1 portion • **PRÉPARATION** : 5 minutes • **CUISSON** : 2 minutes

## INGRÉDIENTS

- 50 g (½ tasse) de son d'avoine
- 125 ml (½ tasse) de lait ou de boisson de soya nature
- 60 ml (¼ tasse) d'eau
- 5 g (1 c. à thé) de cassonade
- 10 g (1 c. à soupe) de graines de lin, moulues (facultatif)
- 80 g (½ tasse) de pêches fraîches coupées en morceaux

## PRÉPARATION

Dans un bol allant au four à micro-ondes, mélanger le son d'avoine, le lait, l'eau et la cassonade. Cuire au four à micro-ondes pendant 1 à 2 minutes.

Ajouter les graines de lin moulues et les pêches.

## VARIANTE

Vous pouvez remplacer les pêches par les fruits que vous avez sous la main et que vous tolérez bien.

## INFO SANTÉ DIGESTIVE

La pêche est un fruit riche en fibres solubles; c'est donc un excellent choix pour le petit-déjeuner et les collations. Elle est également une bonne source de sucre naturel qui permet de mieux contrôler les fringales et les rages de sucre.

| **Valeur nutritive par portion** |
| --- |
| **Teneur** |
| **Calories 398** |
| **Lipides** 10 g |
| **Sodium** 63 mg |
| **Glucides** 64 g |
| fibres 14 g |
| **Protéines** 18 g |

# CRÊPES
## aux poires

6 crêpes • **PRÉPARATION** : 10 minutes • **CUISSON** : 20 minutes

### INGRÉDIENTS

- 195 g (1 ½ tasse) de farine tout usage non blanchie
- 25 g (¼ tasse) de son d'avoine
- 3 œufs
- 500 ml (2 tasses) de lait
- 5 ml (1 c. à thé) d'extrait de vanille
- Le zeste de ½ citron
- 4 poires, pelées et coupées en cubes
- 30 ml (2 c. à soupe) de sirop d'érable

| Valeur nutritive par crêpe | |
|---|---|
| **Teneur** | |
| **Calories** | **300** |
| **Lipides** | 5 g |
| **Sodium** | 70 mg |
| **Glucides** | 55 g |
| fibres | 5 g |
| **Protéines** | 11 g |

### PRÉPARATION

Préparer la pâte à crêpes en mélangeant la farine, le son d'avoine, les œufs, le lait, l'extrait de vanille et le zeste de citron. Bien battre pour éliminer les grumeaux.

Dans une poêle chaude légèrement huilée, verser 125 g (½ tasse) de la pâte à la fois pour cuire 6 crêpes minces une à une (3 à 4 minutes par crêpe).

Entre-temps, dans une autre poêle, à feu moyen, chauffer les poires avec le sirop d'érable pendant environ 10 minutes ou jusqu'à ce qu'elles soient tendres. Mélanger régulièrement.

Répartir la garniture sur les crêpes. Les rouler et les arroser d'un filet de sirop d'érable, si désiré.

### CONSEIL PRATIQUE

Préparez vos crêpes et emballez-les dès qu'elles sont froides dans un sac refermable en les séparant avec une feuille de papier ciré. Conservez-les au congélateur. Décongelez-les au four à micro-ondes lorsque vous en avez besoin en les réchauffant pendant environ 30 secondes de chaque côté.

# OMELETTE-
## déjeuner

4 portions • **PRÉPARATION** : 10 minutes • **CUISSON** : 10 minutes

### INGRÉDIENTS

- 8 œufs, légèrement battus
- 125 ml (½ tasse) de lait
- 150 g (1 tasse) de champignons coupés en morceaux
- 100 g (1 tasse) de fromage suisse râpé

### ASSAISONNEMENTS

- 5 g (1 c. à soupe) de basilic séché
- Sel et poivre

### PRÉPARATION

Dans un bol, battre les œufs à la fourchette avec le lait et les assaisonnements.

Verser la préparation dans une poêle chaude légèrement graissée. Cuire à feu moyen pendant 7 à 8 minutes ou jusqu'à ce que l'omelette soit prise.

Garnir l'omelette de champignons et de fromage râpé, puis la plier en deux. Poursuivre la cuisson pendant 2 à 3 minutes sans la retourner.

Accompagnement : servir l'omelette avec 1 ou 2 tranches de pain au goût.

| Valeur nutritive par portion | |
|---|---|
| **Teneur** | |
| **Calories** | **220** |
| **Lipides** | 12 g |
| **Sodium** | 220 mg |
| **Glucides** | 4 g |
| fibres | 0 g |
| **Protéines** | 22 g |

# SMOOTHIE rose

2 portions • **PRÉPARATION** : 5 minutes

## INGRÉDIENTS

- 170 g (6 oz) de tofu soyeux mou
- 130 g (1 tasse) de framboises fraîches ou surgelées
- 220 g (1 tasse) de yogourt à la vanille
- 15 ml (1 c. à soupe) de sirop d'érable

## PRÉPARATION

Mélanger tous les ingrédients au robot culinaire. Servir frais.

## VARIANTE

Vous pouvez remplacer les framboises par d'autres fruits, comme des bleuets, des fraises, de la mangue ou de l'ananas frais, selon vos goûts et votre tolérance.

## CONSEIL PRATIQUE

Faites congeler vos fruits qui ne sont plus très beaux sur une plaque à pâtisserie. Placez-les ensuite dans un sac de congélation hermétique. C'est une bonne façon d'éviter le gaspillage et d'avoir des fruits congelés en tout temps pour vos smoothies.

| **Valeur nutritive par portion** |
|---|
| **Teneur** |
| **Calories 190** |
| **Lipides** 4 g |
| **Sodium** 85 mg |
| **Glucides** 28 g |
| fibres 4 g |
| **Protéines** 12 g |

# MUFFINS
## aux framboises

12 muffins • **PRÉPARATION :** 10 minutes • **CUISSON :** 25 minutes

### INGRÉDIENTS

- 130 g (1 tasse) de farine tout usage non blanchie
- 90 g (1 tasse) de flocons d'avoine à cuisson rapide
- 25 g (¼ tasse) de son d'avoine
- 10 g (2 c. à thé) de levure chimique
- 60 ml (¼ tasse) d'huile de canola
- 50 g (¼ tasse) de sucre blanc
- 2 œufs
- 250 ml (1 tasse) de lait
- 260 g (1 tasse) de framboises surgelées

### PRÉPARATION

Préchauffer le four à 180 °C (350 °F).

Mélanger la farine, les flocons d'avoine, le son d'avoine et la levure chimique.

Battre l'huile de canola, le sucre et les œufs pendant 2 minutes. Ajouter le lait graduellement tout en battant.

Incorporer les ingrédients secs à la préparation humide. Ajouter ensuite les framboises surgelées.

Verser la préparation dans des moules à muffins et cuire au centre du four pendant 20 à 25 minutes.

### CONSEIL PRATIQUE

Pour gagner du temps, préparez une grande quantité de muffins et congelez-les dans un sac hermétique. Lorsque vous voulez un muffin, vous pouvez le laisser décongeler à température ambiante ou le réchauffer au micro-ondes pendant 15 à 20 secondes.

### INFO SANTÉ DIGESTIVE

Riches en fibres solubles, les flocons d'avoine peuvent remplacer une partie de la farine de blé utilisée dans les préparations de gâteaux, muffins et crêpes. Les aliments riches en avoine permettent de limiter les symptômes du côlon irritable.

| Valeur nutritive par muffin |
|---|
| Teneur |
| **Calories 150** |
| **Lipides** 7 g |
| **Sodium** 70 mg |
| **Glucides** 19 g |
| fibres 2 g |
| **Protéines** 4 g |

# GALETTES
## aux raisins secs

10 à 12 galettes • PRÉPARATION : 15 minutes • CUISSON : 15 minutes

### PRÉPARATION

Préchauffer le four à 190 °C (375 °F).

Dans une casserole, faire bouillir les dattes avec 125 ml (½ tasse) d'eau pendant 4 à 5 minutes. Passer la préparation au robot culinaire pour faire une purée.

Dans un bol, mélanger au batteur la margarine et la purée de dattes. Ajouter l'œuf.

Dans un autre bol, mélanger les ingrédients secs, puis les incorporer aux ingrédients humides.

Former chaque galette avec environ 30 g (2 c. à soupe) de pâte et les déposer au fur et à mesure sur une plaque à pâtisserie graissée ou recouverte de papier parchemin. Aplatir légèrement le dessus avec une cuillère. Cuire au centre du four pendant 10 à 12 minutes.

### INGRÉDIENTS

- 135 g (¾ tasse) de dattes séchées hachées
- 80 g (⅓ tasse) de margarine non hydrogénée
- 1 œuf
- 130 g (1 tasse) de farine tout usage non blanchie
- 50 g (½ tasse) de son d'avoine
- 75 g (½ tasse) de raisins secs
- 5 g (1 c. à thé) de bicarbonate de soude
- 6 g (1 c. à soupe) de gingembre moulu

### INFO SANTÉ DIGESTIVE

Le son d'avoine est une excellente source de fibres solubles. Comparativement aux flocons d'avoine, il a une plus grande concentration en fibres. En cas de diarrhée ou de constipation, il est suggéré d'ajouter graduellement de 15 à 30 ml (1 à 2 c. à soupe) de son d'avoine par jour dans un yogourt, un dessert ou un jus de fruits.

| Valeur nutritive par galette |
|---|
| Teneur |
| **Calories 200** |
| **Lipides** 7 g |
| **Sodium** 190 mg |
| **Glucides** 30 g |
| fibres 3 g |
| **Protéines** 4 g |

# MUFFINS
## aux poires épicées

12 muffins • **PRÉPARATION** : 20 minutes • **CUISSON** : 20 minutes

### INGRÉDIENTS

- 130 g (1 tasse) de farine tout usage non blanchie
- 65 g (½ tasse) de farine de blé entier
- 90 g (1 tasse) de flocons d'avoine à cuisson rapide
- 50 g (½ tasse) de graines de chanvre (ou autres graines au goût)
- 50 g (¼ tasse) de cassonade
- 10 g (2 c. à thé) de levure chimique
- 5 g (1 c. à thé) de bicarbonate de soude
- 4 g (2 c. à thé) de muscade moulue
- 0,5 g (¼ c. à thé) de clous de girofle moulus
- 1 œuf
- 180 ml (¾ tasse) de lait
- 60 ml (¼ tasse) d'huile de canola
- 260 g (1 ½ tasse) de poires, épluchées, cuites et réduites en purée

### PRÉPARATION

Préchauffer le four à 190 °C (375 °F).

Mélanger les farines, les flocons d'avoine, les graines de chanvre, la cassonade, la levure chimique, le bicarbonate de soude, la muscade et les clous de girofle.

Au batteur à main, mélanger l'œuf, le lait et l'huile. Incorporer la purée de poires à l'aide d'une cuillère.

Incorporer les ingrédients secs aux ingrédients humides. Verser dans des moules à muffins et cuire au centre du four pendant 15 à 20 minutes.

### INFO SANTÉ DIGESTIVE

La poire crue non pelée peut occasionner des inconforts digestifs. Ce fruit est riche en fructose, un sucre auquel certaines personnes sont intolérantes. Toutefois, les poires pelées, cuites et incorporées dans une préparation à muffins sont moins susceptibles de causer de tels inconforts.

| Valeur nutritive par muffin |
|---|
| **Teneur** |
| **Calories 188** |
| **Lipides** 9 g |
| **Sodium** 68 mg |
| **Glucides** 23 g |
| fibres 4 g |
| **Protéines** 5 g |

# BISCUITS
## aux fruits

12 à 15 biscuits • **PRÉPARATION** : 10 minutes • **RÉFRIGÉRATION** : 10 minutes • **CUISSON** : 10 minutes

### INGRÉDIENTS

- 120 g (½ tasse) de margarine non hydrogénée
- 50 g (¼ tasse) de cassonade
- 2 œufs
- 95 g (¾ tasse) de farine tout usage non blanchie
- 2 g (½ c. à thé) de bicarbonate de soude
- 135 g (1 ½ tasse) de flocons d'avoine à cuisson rapide
- 120 g (¾ tasse) d'abricots séchés, coupés en morceaux
- 50 g (½ tasse) de canneberges séchées

### PRÉPARATION

Préchauffer le four à 180 °C (350 °F).

Dans le bol d'un batteur, mélanger la margarine, la cassonade et les œufs.

Dans un autre bol, mélanger la farine, le bicarbonate de soude, les flocons d'avoine et les fruits secs. À la cuillère, incorporer les ingrédients secs aux ingrédients liquides. Laisser reposer la pâte au réfrigérateur pendant environ 10 minutes.

À la cuillère, former de 12 à 15 biscuits et les placer au fur et à mesure sur une plaque à pâtisserie recouverte de papier parchemin. Cuire au centre du four pendant 10 à 12 minutes. Laisser refroidir avant de servir.

| Valeur nutritive par biscuit |
|---|
| **Teneur** |
| **Calories 150** |
| **Lipides** 8 g |
| **Sodium** 140 mg |
| **Glucides** 18 g |
| fibres 1 g |
| **Protéines** 3 g |

# GRANOLA
## aux fruits secs

40 portions de 60 g (¼ tasse) • **PRÉPARATION** : 10 minutes • **CUISSON** : 15 à 20 minutes

### INGRÉDIENTS

- 270 g (3 tasses) de flocons d'avoine à cuisson longue
- 100 g (1 tasse) de son d'avoine
- 30 ml (2 c. à soupe) de sirop d'érable
- 2 œufs
- 100 g (1 tasse) de canneberges séchées
- 80 g (½ tasse) d'abricots séchés, hachés

### PRÉPARATION

Préchauffer le four à 160 °C (325 °F).

Mélanger les flocons d'avoine et le son d'avoine avec le sirop d'érable et les œufs.

Répartir le mélange sur une plaque de cuisson. Cuire au four pendant 15 à 20 minutes, en remuant toutes les 5 minutes, jusqu'à ce que le granola soit bien doré.

Laisser refroidir complètement avant d'ajouter les fruits séchés.

### CONSEIL PRATIQUE

Le granola se conserve à température ambiante jusqu'à 7 jours ou au réfrigérateur jusqu'à 2 semaines.

| **Valeur nutritive par portion de 60 g (¼ tasse)** |
|---|
| **Teneur** |
| **Calories 60** |
| **Lipides** 2 g |
| **Sodium** 5 mg |
| **Glucides** 10 g |
| fibres 1 g |
| **Protéines** 2 g |

# SANDWICHES
## à la mousse de saumon

2 sandwiches • **PRÉPARATION** : 5 minutes

### INGRÉDIENTS

- 1 boîte de 170 g (6 oz) de saumon sans arêtes, égoutté
- 30 g (2 c. à soupe) de yogourt grec nature
- 5 g (1 c. à thé) de moutarde de Dijon
- 4 tranches de pain d'avoine ou de seigle
- 4 ou 5 feuilles de laitue tendre
- Quelques tranches de tomate

### ASSAISONNEMENTS

- 7 g (1 c. à soupe) de paprika
- 15 g (1 c. à soupe) de poudre d'ail

### PRÉPARATION

Au robot culinaire ou au pied-mélangeur, mélanger le saumon, le yogourt, la moutarde et les assaisonnements jusqu'à l'obtention d'une mousse.

Tartiner les tranches de pain de mousse de saumon. Garnir de laitue et de quelques tranches de tomate et refermer les sandwiches.

Accompagnement : servir avec 300 g (2 tasses) de crudités de légumes tendres.

### INFO SANTÉ DIGESTIVE

Le saumon est riche en oméga-3, des acides gras qui contribuent à la diminution de l'inflammation. De plus, les oméga-3 jouent un rôle bénéfique pour la santé cardiovasculaire et la régulation de la tension artérielle.

| Valeur nutritive par sandwich |
|---|
| Teneur |
| **Calories 410** |
| **Lipides** 10 g |
| **Sodium** 700 mg |
| **Glucides** 50 g |
| fibres 4 g |
| **Protéines** 27 g |

# SALADE MEXICAINE au quinoa

4 portions • PRÉPARATION : 15 minutes • CUISSON : 25 minutes

## PRÉPARATION

Dans une casserole, mettre le quinoa avec 500 ml (2 tasses) d'eau et le bouillon de poulet en poudre. Amener à ébullition et cuire pendant 10 à 15 minutes.

Entre-temps, dans une poêle, faire chauffer l'huile d'olive et cuire le poulet avec les assaisonnements (sauf la coriandre).

Une fois le quinoa cuit, ajouter le poulet, les tomates, l'ail, le maïs et les olives dans la casserole. Cuire à feu doux pendant 4 à 5 minutes. En fin de cuisson, ajouter le jus de lime et la coriandre fraîche.

## INGRÉDIENTS

- 130 g (¾ tasse) de quinoa, rincé
- 10 ml (2 c. à thé) de bouillon de poulet en poudre
- 15 ml (1 c. à soupe) d'huile d'olive
- 400 g (14 oz) de poulet (3 petites poitrines), coupé en lanières
- 1 boîte de 796 ml (28 oz) de tomates en dés sans sodium, à demi égouttées
- 2 gousses d'ail, hachées
- 1 boîte de 400 ml (14 oz) de maïs en grains
- 140 g (1 tasse) d'olives noires ou vertes, coupées en morceaux
- 15 ml (1 c. à soupe) de jus de lime

## ASSAISONNEMENTS

- 5 g (1 c. à soupe) de persil séché
- 5 g (1 c. à soupe) de basilic
- Poivre
- Quelques feuilles de coriandre fraîche

## INFO SANTÉ DIGESTIVE

Le quinoa est riche en fibres solubles. Il se cuisine facilement en remplacement du riz ou des pâtes dans la plupart des recettes. L'intégrer au menu permet de limiter les sources de blé et d'augmenter la variété de nutriments.

| Valeur nutritive par portion |
|---|
| Teneur |
| **Calories 459** |
| **Lipides** 13 g |
| **Sodium** 600 mg |
| **Glucides** 57 g |
| fibres 9 g |
| **Protéines** 33 g |

# QUICHE
## aux poivrons

4 portions • **PRÉPARATION** : 15 minutes • **CUISSON** : 35 minutes

### INGRÉDIENTS

- 1 oignon, haché
- 1 gousse d'ail, hachée
- 1 poivron jaune, coupé en lanières
- 1 poivron rouge, coupé en lanières
- 15 ml (1 c. à soupe) d'huile de canola
- 4 œufs
- 250 ml (1 tasse) de lait
- 125 g (1 tasse) de fromage râpé
- 95 g (¾ tasse) de farine tout usage non blanchie

### ASSAISONNEMENTS

- 5 g (1 c. à soupe) de persil séché
- 2 g (½ c. à soupe) de basilic séché
- Sel et poivre

### PRÉPARATION

Préchauffer le four à 190 °C (375 °F).

Dans une poêle chaude, faire revenir l'oignon, l'ail et les poivrons dans l'huile pendant 4 à 5 minutes.

Dans un grand bol, battre à la fourchette les œufs avec le lait. Ajouter le fromage râpé et la farine, puis les légumes cuits et les assaisonnements.

Transvider la préparation dans un moule à tarte de 28 cm (11 po) légèrement graissé et cuire au centre du four pendant 30 minutes.

Accompagnement : servir avec une salade de légumes tendres (courgettes, tomates, champignons, etc.).

### CONSEIL PRATIQUE

Cette recette peut être précuite au four à micro-ondes à puissance maximale et à couvert pendant 3 minutes ou à découvert pendant 2 minutes. Terminer la cuisson au four préchauffé à 190 °C (375 °F) pendant 10 minutes.

| **Valeur nutritive par portion** |
| --- |
| **Teneur** |
| **Calories 367** |
| **Lipides** 20 g |
| **Sodium** 280 mg |
| **Glucides** 26 g |
| fibres 2 g |
| **Protéines** 20 g |

# CASSEROLE DE SOLE
## aux herbes

4 portions • **PRÉPARATION** : 20 minutes • **CUISSON** : 10 minutes

### INGRÉDIENTS

- 1 oignon moyen, haché
- 15 ml (1 c. à soupe) d'huile de canola
- 750 ml (3 tasses) de bouillon de poulet pauvre en sodium
- 30 g (2 c. à soupe) de moutarde de Dijon
- 500 g (1 lb) de sole (4 gros filets)
- 180 g (1 tasse) de couscous, non cuit
- 2 poivrons rouges, coupés en dés
- 360 g (4 tasses) de brocoli coupé en morceaux

### ASSAISONNEMENTS

- 10 g (2 c. à soupe) de thym séché
- 10 g (2 c. à soupe) de persil séché
- 5 g (1 c. à soupe) d'origan séché

### PRÉPARATION

Dans une casserole, faire revenir l'oignon dans l'huile de canola. Ajouter le bouillon, la moutarde et les herbes, puis amener à ébullition.

Ajouter le poisson, baisser le feu et cuire pendant 5 minutes.

Ajouter le couscous, les poivrons et le brocoli dans le bouillon. Couvrir et cuire à feu doux pendant 5 minutes.

### VARIANTES

- Vous pouvez remplacer la sole par un autre poisson blanc, comme le tilapia ou la morue.
- Si vous ne tolérez pas le brocoli, remplacez-le par d'autres légumes verts, comme des haricots verts cuits ou des jeunes pousses d'épinards tendres.

### INFO SANTÉ DIGESTIVE

Le brocoli cuit est plus facile à digérer que le brocoli cru.

| **Valeur nutritive par portion** | |
| --- | --- |
| **Teneur** | |
| **Calories 410** | |
| **Lipides** 6 g | |
| **Sodium** 680 mg | |
| **Glucides** 51 g | |
| fibres 7 g | |
| **Protéines** 26 g | |

# POTAGE de bœuf et d'orge

5 portions • **PRÉPARATION** : 20 minutes • **CUISSON** : 30 minutes

## INGRÉDIENTS

- 500 g (1 lb) de petits cubes de bœuf
- 15 g (2 c. à soupe) de farine tout usage non blanchie
- 1 oignon, haché
- 3 carottes, coupées en tronçons
- 30 ml (2 c. à soupe) d'huile de canola
- 30 ml (2 c. à soupe) de bouillon de bœuf en poudre
- 150 g (1 tasse) de petits pois surgelés ou en conserve
- 100 g (½ tasse) d'orge mondé
- 1 boîte de 795 ml (28 oz) de tomates broyées

## PRÉPARATION

Fariner les cubes de bœuf.

Dans une casserole, faire revenir l'oignon et les carottes dans l'huile de canola. Ajouter les cubes de bœuf et les faire revenir pendant 2 minutes.

Mélanger le bouillon de bœuf avec 1,5 l (6 tasses) d'eau, puis verser dans la casserole. Ajouter les petits pois et l'orge. Amener à ébullition, puis laisser mijoter pendant 20 minutes.

Ajouter les tomates et poursuivre la cuisson pendant 5 minutes.

## CONSEIL PRATIQUE

Ce potage peut se congeler facilement. C'est une bonne façon de cuisiner des repas à l'avance.

## INFO SANTÉ DIGESTIVE

L'orge est une excellente source de fibres solubles. Elle peut remplacer les pâtes ou le riz dans plusieurs plats. En plus de fournir des fibres adéquates, elle permet de sortir de la routine alimentaire.

| Valeur nutritive par portion | |
|---|---|
| Teneur | |
| **Calories 340** | |
| **Lipides** | 13 g |
| **Sodium** | 430 mg |
| **Glucides** | 33 g |
| fibres | 7 g |
| **Protéines** | 26 g |

# PORC FARCI
## aux olives

6 portions • **PRÉPARATION** : 25 minutes • **CUISSON** : 20 minutes

### INGRÉDIENTS

- 375 g (13 oz) de fettucinis
- 125 g (1 tasse) de fromage mozzarella râpé
- 100 g (¾ tasse) d'olives noires en conserve, coupées en morceaux
- 15 ml (1 c. à soupe) d'oignon vert haché (environ 1 oignon)
- 400 g (14 oz) de porc (2 petits filets)
- 30 ml (2 c. à soupe) d'huile d'olive
- 2 gousses d'ail, écrasées
- 2 courgettes, coupées en morceaux
- 315 g (2 tasses) de tomates cerises, coupées en deux

### ASSAISONNEMENTS

- 5 g (1 c. à soupe) de basilic séché
- Sel et poivre

### PRÉPARATION

Dans une casserole d'eau bouillante, cuire les pâtes selon les indications inscrites sur l'emballage.

Mélanger la mozzarella avec les olives, l'oignon vert et les assaisonnements.

Couper les filets de porc sur la longueur sans détacher complètement les deux parties. Étendre la préparation de fromage et d'olives au centre des filets sur toute la longueur. Refermer les filets et les attacher à l'aide d'une ficelle à rôti.

Cuire les filets dans une poêle légèrement huilée, à feu moyen, pendant 5 à 6 minutes de chaque côté ou jusqu'à ce qu'ils soient cuits.

Dans une autre poêle, chauffer l'huile d'olive et faire revenir l'ail, les courgettes et les tomates cerises pendant 2 à 3 minutes.

Égoutter les pâtes et les mélanger dans la poêle avec les légumes. Découper les filets de porc en tranches et servir avec les pâtes et les légumes.

| Valeur nutritive par portion |
|---|
| **Teneur** |
| **Calories 490** |
| **Lipides** 16 g |
| **Sodium** 563 mg |
| **Glucides** 55 g |
| fibres 8 g |
| **Protéines** 34 g |

# POULET
## aux pommes

4 portions • **PRÉPARATION** : 10 minutes • **CUISSON** : 25 minutes

### INGRÉDIENTS

- 140 g (¾ tasse) de riz brun à grain long non cuit
- 400 g (14 oz) de poulet (4 petites poitrines)
- 4 pommes rouges, épluchées et coupées en tranches
- 1 oignon, haché
- 390 g (2 tasses) de haricots verts
- 250 g (2 tasses) de carottes, coupées en petits morceaux

### ASSAISONNEMENTS

- 5 g (1 c. à soupe) de thym séché
- Sel et poivre

### PRÉPARATION

Préchauffer le four à 180 °C (350 °F).

Dans une casserole, cuire le riz selon les indications inscrites sur l'emballage.

Dans un plat de cuisson carré, mettre le poulet, les pommes, l'oignon, les haricots, les carottes et les assaisonnements.

Cuire les poitrines au four environ 20 minutes ou jusqu'à ce qu'elles soient complètement cuites. Servir le poulet avec le riz.

### INFO SANTÉ DIGESTIVE

Comme la poire, la pomme crue non pelée peut causer des inconforts digestifs. Par contre, la pomme cuite sans pelure est une bonne source de fibres solubles habituellement bien tolérées.

| Valeur nutritive par portion |
| --- |
| **Teneur** |
| **Calories 375** |
| **Lipides** 4 g |
| **Sodium** 108 mg |
| **Glucides** 60 g |
| fibres 8 g |
| **Protéines** 28 g |

# RAGOÛT
## de saucisses

6 portions • **PRÉPARATION** : 20 minutes • **CUISSON** : 30 minutes

### INGRÉDIENTS

- 4 grosses saucisses italiennes douces crues
- 20 g (3 c. à soupe) de fécule de maïs
- 30 ml (2 c. à soupe) de bouillon de bœuf en poudre
- 1 oignon, haché
- 4 carottes, coupées en petits morceaux
- 135 g (1 tasse) de navet, coupé en petits cubes
- 4 pommes de terre, coupées en petits cubes

### ASSAISONNEMENTS

- 10 g (2 c. à soupe) de thym séché
- 5 g (1 c. à soupe) d'origan
- 15 g (1 c. à soupe) de poudre d'ail
- Poivre

### PRÉPARATION

Couper les saucisses en morceaux.

Dissoudre la fécule de maïs et le bouillon de bœuf dans 1 l (4 tasses) d'eau.

Dans une casserole, mettre tous les ingrédients, remuer délicatement et couvrir. Amener à ébullition, puis laisser mijoter à feu doux pendant 25 à 30 minutes.

| **Valeur nutritive par portion** |
| --- |
| **Teneur** |
| **Calories 420** |
| **Lipides** 14 g |
| **Sodium** 710 mg |
| **Glucides** 26 g |
| fibres 3 g |
| **Protéines** 12 g |

### INFO SANTÉ DIGESTIVE

Il est conseillé de consommer les légumes riches en fibres insolubles cuits plutôt que crus. Les légumes cuits sont plus faciles à digérer, car la cuisson attendrit leurs fibres qui sont alors moins irritantes pour l'intestin.

# TACOS
## aux œufs

4 portions • **PRÉPARATION** : 15 minutes • **CUISSON** : 5 minutes

### INGRÉDIENTS

- 8 œufs
- 125 ml (½ tasse) de lait
- 6 à 8 tacos
- 2 poivrons rouges, coupés en lanières
- 60 g (½ tasse) de fromage râpé
- 60 g (1 tasse) de laitue déchiquetée grossièrement

### ASSAISONNEMENTS

- 7 g (1 c. à soupe) d'assaisonnement au chili
- 2 g (1 c. à thé) d'assaisonnement à la cajun
- 2 g (1 c. à thé) de paprika
- Sel et poivre

| Valeur nutritive par portion | |
| --- | --- |
| **Teneur** | |
| **Calories** | **325** |
| **Lipides** | 20 g |
| **Sodium** | 310 mg |
| **Glucides** | 17 g |
| fibres | 2 g |
| **Protéines** | 18 g |

### PRÉPARATION

Dans un bol, défaire à la fourchette les œufs avec le lait et les assaisonnements.

Dans une poêle légèrement huilée, cuire la préparation à feu doux pendant environ 5 minutes en remuant constamment à l'aide d'une spatule.

Garnir les tacos avec la préparation aux œufs, les poivrons, le fromage râpé et la laitue. Réchauffer au four à micro-ondes pendant 30 secondes.

### VARIANTE

Si vous êtes particulièrement sensible aux assaisonnements un peu relevés, il est indiqué de remplacer l'assaisonnement au chili et l'assaisonnement à la cajun par des herbes plus douces comme le basilic et le thym séchés.

# MIJOTÉ de poulet

4 portions • **PRÉPARATION** : 15 minutes • **CUISSON** : 30 minutes

## INGRÉDIENTS

- 1 oignon, haché
- 30 ml (2 c. à soupe) d'huile de canola
- 15 g (2 c. à soupe) de farine tout usage non blanchie
- 400 g (14 oz) de poulet (2 grosses poitrines), coupé en cubes
- 30 ml (2 c. à soupe) de bouillon de poulet en poudre
- 100 g (½ tasse) de riz brun à grain long non cuit
- 280 g (2 tasses) de courge musquée (butternut), épluchée et coupée en cubes
- 280 g (2 tasses) de patates douces, épluchées et coupées en cubes

## ASSAISONNEMENTS

- 2 feuilles de laurier
- 5 g (1 c. à soupe) de thym séché
- 3 g (1 c. à soupe) de romarin séché
- 3 g (1 c. à soupe) d'estragon séché
- 15 g (1 c. à soupe) de poudre d'ail
- Poivre

## PRÉPARATION

Dans une casserole, faire revenir l'oignon dans l'huile de canola.

Fariner les cubes de poulet et les faire revenir avec l'oignon pendant 2 minutes en remuant. Ajouter 1 l (4 tasses) d'eau, le bouillon de poulet, le riz et les assaisonnements. Cuire à feu doux pendant 15 minutes.

Ajouter les légumes et poursuivre la cuisson pendant 10 minutes.

## CONSEIL PRATIQUE

Pour éviter toute contamination, il est indispensable de bien se laver les mains ainsi que les ustensiles utilisés après avoir manipulé du poulet cru. Préférez les planches à découper en plastique plutôt qu'en bois.

| Valeur nutritive par portion |
| --- |
| **Teneur** |
| **Calories 370** |
| **Lipides** 10 g |
| **Sodium** 245 mg |
| **Glucides** 40 g |
| fibres 4 g |
| **Protéines** 28 g |

# SAUMON aux nouilles soba

4 portions • PRÉPARATION : 15 minutes • MARINADE : 20 minutes • CUISSON : 25 minutes

## PRÉPARATION

Dans un bol, mélanger la sauce soya, le miel et le vinaigre de riz. Ajouter les cubes de saumon, bien mélanger et laisser mariner pendant 20 minutes.

Entre-temps, dans une grande casserole d'eau bouillante, cuire les nouilles soba pendant 10 minutes, puis les égoutter.

Dans une poêle chaude, faire revenir l'oignon dans l'huile. Retirer les cubes de saumon de la marinade sans égoutter (réserver la marinade) et les ajouter à l'oignon. Faire revenir les cubes pendant 1 minute de chaque côté. Retirer de la poêle et réserver.

Dans la même poêle, faire revenir les poivrons et les germes de haricot pendant 3 à 4 minutes. Ajouter la marinade et le saumon réservés en remuant délicatement pour ne pas défaire le poisson. Cuire pendant 5 minutes environ.

Servir le saumon avec les nouilles soba.

## CRÊPES

- 30 ml (2 c. à soupe) de sauce soya pauvre en sodium
- 15 g (1 c. à soupe) de miel
- 15 ml (1 c. à soupe) de vinaigre de riz
- 500 g (1 lb) de saumon sans peau (2 filets moyens), coupé en cubes
- 120 g (4 oz) de nouilles soba
- 1 petit oignon, haché
- 15 ml (1 c. à soupe) d'huile de sésame ou de canola
- 3 poivrons rouges, coupés en morceaux
- 300 g (4 tasses) de germes de haricot

## VARIANTE

Vous pouvez remplacer les nouilles soba par des vermicelles de riz.

### INFO SANTÉ DIGESTIVE

Les nouilles soba sont faites avec du sarrasin, une céréale riche en fibres solubles. Elles peuvent remplacer les pâtes au blé pour limiter l'apport en fibres irritantes.

| Valeur nutritive par portion | |
|---|---|
| Teneur | |
| **Calories** | **520** |
| **Lipides** | 25 g |
| **Sodium** | 230 mg |
| **Glucides** | 40 g |
| fibres | 2 g |
| **Protéines** | 40 g |

# SALADE-REPAS

4 portions • **PRÉPARATION** : 15 minutes • **CUISSON** : 10 minutes

## INGRÉDIENTS

- 375 g (4 tasses) de pâtes fraîches farcies au goût
- 315 g (2 tasses) de tomates cerises
- 2 courgettes, coupées en cubes
- 4 œufs cuits dur, coupés en tranches
- 30 ml (2 c. à soupe) d'huile d'olive
- Le jus de 1 citron

## ASSAISONNEMENTS

- 5 g (1 c. à soupe) de basilic séché
- Sel et poivre

| Valeur nutritive par portion |
|---|
| **Teneur** |
| **Calories 390** |
| **Lipides** 14 g |
| **Sodium** 88 mg |
| **Glucides** 50 g |
| fibres 4 g |
| **Protéines** 17 g |

## PRÉPARATION

Dans une casserole d'eau bouillante, cuire les pâtes pendant 6 minutes ou selon les indications du fabricant.

Égoutter les pâtes puis ajouter tous les ingrédients et les assaisonnements. Bien mélanger.

Servir la salade tiède ou froide.

## CONSEIL PRATIQUE

Vous pouvez conserver cette salade jusqu'à 5 jours au réfrigérateur.

## VARIANTE

Choisissez différents légumes tendres pour varier cette recette : champignons, asperges cuites, jeunes pousses d'épinards, haricots verts cuits, etc.

# CASSEROLE
## végétarienne

5 portions • **PRÉPARATION :** 15 minutes • **MARINADE :** 15 minutes à 2 heures • **CUISSON :** 30 à 45 minutes

### INGRÉDIENTS

- 30 ml (2 c. à soupe) de sauce soya pauvre en sodium
- 30 ml (2 c. à soupe) d'huile d'olive
- 1 gousse d'ail, hachée
- Le jus de 2 limes
- 600 g (1 lb 5 oz) de tofu ferme, coupé en gros cubes
- 4 tomates fraîches, coupées en dés
- 2 courgettes, coupées en dés
- 200 g (2 tasses) de champignons
- 15 g (2 c. à soupe) de fécule de maïs
- 250 g (2 tasses) de fromage râpé

### ASSAISONNEMENTS

- 5 g (1 c. à soupe) de thym
- 5 g (1 c. à soupe) de basilic séché
- Poivre

### PRÉPARATION

Préchauffer le four à 180 °C (350 °F).

Mélanger la sauce soya, l'huile d'olive, l'ail, le jus de lime, les assaisonnements et 30 ml (2 c. à soupe) d'eau. Y faire mariner le tofu pendant au moins 15 minutes ou jusqu'à 2 heures.

Dans un plat de cuisson, déposer les morceaux de tofu et réserver la marinade. Ajouter les tomates, les courgettes et les champignons.

Dans la marinade réservée, délayer la fécule de maïs. Verser sur le tofu et les légumes. Couvrir de fromage râpé et cuire au four pendant 30 à 45 minutes.

Accompagnement : servir avec du quinoa, du riz ou du couscous.

### INFO SANTÉ DIGESTIVE

Le tofu est une protéine végétale. Plus faible en matière grasse que la viande, il se digère facilement. Toutefois, certaines personnes peuvent avoir plus de ballonnements et de gaz après la consommation de produits du soya.

| Valeur nutritive par portion |
|---|
| **Teneur** |
| **Calories 340** |
| **Lipides** 24 g |
| **Sodium** 630 mg |
| **Glucides** 20 g |
| fibres 4 g |
| **Protéines** 34 g |

# BROCHETTES de crevettes

4 portions • **PRÉPARATION** : 10 minutes • **MARINADE** : 10 minutes • **CUISSON** : 20 minutes

## INGRÉDIENTS

190 g (1 tasse) de riz au jasmin ou autre

30 ml (2 c. à soupe) d'huile d'olive

1 gousse d'ail, écrasée

300 g (10 oz) de crevettes crues, décortiquées

2 poivrons jaunes ou rouges

160 g (1 tasse) d'ananas, coupé en dés

2 citrons, coupés en quartiers

## ASSAISONNEMENTS

5 g (1 c. à soupe) de thym séché

Sel et poivre

## PRÉPARATION

Préchauffer le four à 180 °C (350 °F).

Dans une casserole, cuire le riz en suivant les indications inscrites sur l'emballage.

Dans un bol, mélanger l'huile d'olive, l'ail et les assaisonnements. Ajouter les crevettes, mélanger et laisser mariner pendant 10 minutes.

Monter les brochettes en faisant alterner les crevettes, les morceaux de poivron, les dés d'ananas et les quartiers de citron. Cuire sur une plaque de cuisson pendant 2 minutes, retourner les brochettes et poursuivre la cuisson pendant 2 minutes.

Servir les brochettes avec le riz.

## CONSEIL PRATIQUE

Préparez du riz en grande quantité et congelez-le en portions individuelles. Ainsi, vous aurez toujours du riz cuit sous la main.

## INFO SANTÉ DIGESTIVE

Le riz est l'un des produits céréaliers les moins allergènes en plus d'être une excellente source de fibres. Il est conseillé de privilégier le riz à grain long et d'éviter le riz minute qui contient peu de fibres et est peu nourrissant. Choisissez une sorte de riz contenant au moins 2 g de fibres par 125 ml (½ tasse) de riz non cuit.

| Valeur nutritive par portion |
|---|
| Teneur |
| **Calories 350** |
| **Lipides** 9 g |
| **Sodium** 500 mg |
| **Glucides** 50 g |
| fibres 3 g |
| **Protéines** 19 g |

# POCHETTES DE VEAU
## tzatziki

6 portions • PRÉPARATION : 20 minutes • CUISSON : 15 minutes

### PRÉPARATION

Mélanger le yogourt, le concombre et l'aneth. Saler et poivrer au goût. Laisser reposer jusqu'au moment du service.

Mélanger la viande hachée avec la chapelure, la moutarde, le basilic et la poudre d'ail. Saler et poivrer. Avec les mains, façonner une dizaine de petites croquettes plates (de la grosseur d'un dessous de verre).

Dans une poêle, à feu moyen, chauffer l'huile et cuire les croquettes pendant environ 12 minutes en les retournant régulièrement.

Ouvrir les pitas en deux. Déposer 2 ou 3 croquettes dans chacun. Garnir avec la sauce au yogourt et des feuilles de laitue.

### CONSEIL PRATIQUE

Vous pouvez préparer les croquettes en grande quantité et les congeler dans un sac hermétique. Vous aurez ainsi des repas rapides sous la main en tout temps.

### INGRÉDIENTS

- 220 g (1 tasse) de yogourt nature ordinaire ou grec
- 140 g (1 tasse) de concombre pelé, coupé en petits cubes
- 500 g (1 lb) de veau haché
- 50 g (½ tasse) de chapelure
- 15 g (1 c. à soupe) de moutarde de Dijon
- 15 ml (1 c. à soupe) d'huile de canola
- 6 pains pitas moyens
- Quelques feuilles de laitue Boston

### ASSAISONNEMENTS

- 3 g (1 c. à soupe) d'aneth séché
- Sel et poivre
- 5 g (1 c. à soupe) de basilic séché
- 15 g (1 c. à soupe) de poudre d'ail

| Valeur nutritive par portion | |
|---|---|
| Teneur | |
| **Calories** | **315** |
| **Lipides** | 10 g |
| **Sodium** | 420 mg |
| **Glucides** | 34 g |
| fibres | 4 g |
| **Protéines** | 23 g |

# RIZ AU PORC
## à la mode chinoise

4 portions • **PRÉPARATION** : 10 minutes • **CUISSON** : 25 minutes

### INGRÉDIENTS

- 200 g (1 tasse) de riz brun à grain long non cuit
- 1 petit oignon, haché
- 15 ml (1 c. à soupe) d'huile de canola
- 400 g (14 oz) de petites côtelettes de porc, coupées en lanières
- 2 poivrons rouges, coupés en morceaux
- 180 g (2 tasses) de brocoli coupé en morceaux
- 30 ml (2 c. à soupe) de sauce soya pauvre en sodium
- 10 g (1 c. à soupe) de cassonade

### ASSAISONNEMENTS

- 5 g (1 c. à soupe) de basilic
- 15 g (1 c. à soupe) de poudre d'ail

### PRÉPARATION

Dans une grande casserole, amener de l'eau à ébullition et cuire le riz selon les indications inscrites sur l'emballage.

Environ 10 minutes avant la fin de la cuisson, dans une grande poêle, faire revenir l'oignon dans l'huile de canola. Ajouter le porc et cuire à feu doux pendant 5 à 6 minutes.

Ajouter les poivrons, le brocoli, la sauce soya, la cassonade et les assaisonnements. Poursuivre la cuisson pendant 3 à 4 minutes, ajouter le riz et bien mélanger.

| **Valeur nutritive par portion** |
| --- |
| **Teneur** |
| **Calories 405** |
| **Lipides** 9 g |
| **Sodium** 381 mg |
| **Glucides** 52 g |
| fibres 5 g |
| **Protéines** 29 g |

# SOUPE à l'orientale

5 à 6 portions • **PRÉPARATION** : 15 minutes • **MARINADE** : 20 minutes • **CUISSON** : 15 minutes

## INGRÉDIENTS

- 10 ml (2 c. à thé) de sauce soya pauvre en sodium
- 10 g (2 c. à soupe) de gingembre frais haché
- 10 ml (2 c. à thé) de jus de lime
- 300 g (10 oz) de tofu soyeux ferme, coupé en dés
- 1 oignon vert, haché
- 15 ml (1 c. à soupe) d'huile de sésame
- 750 ml (3 tasses) de bouillon de poulet réduit en sodium
- 1 boîte de 400 ml (14 oz) de lait de coco
- 1 poivron rouge, coupé en fines lanières
- 1 carotte, tranchée finement
- 150 g (1 tasse) de germes de haricot (fèves germées)
- 110 g (4 oz) de vermicelles de riz

| **Valeur nutritive par portion (1/6 de la recette)** |
|---|
| **Teneur** |
| **Calories 310** |
| **Lipides** 20 g |
| **Sodium** 424 mg |
| **Glucides** 24 g |
| fibres 2 g |
| **Protéines** 10 g |

## PRÉPARATION

Mélanger la sauce soya, le gingembre et le jus de lime. Laisser mariner le tofu pendant au moins 20 minutes dans ce mélange.

Dans une casserole, faire revenir l'oignon vert dans l'huile de sésame. Ajouter le bouillon de poulet et le lait de coco. Ajouter le tofu, la marinade, les légumes et les germes de haricot. Laisser mijoter à feu doux pendant 6 à 7 minutes.

Entre-temps, mettre les vermicelles de riz dans un grand bol et ajouter 1 l (4 tasses) d'eau bouillante. Laisser reposer 5 minutes, puis égoutter.

Répartir les nouilles de riz dans des bols individuels et verser la soupe.

## SUGGESTION

Vous pouvez ajouter du brocoli et des champignons à la soupe si vous les tolérez.

# CANNELLONIS au fromage

4 à 6 portions • **PRÉPARATION** : 20 minutes • **CUISSON** : 40 minutes

## INGRÉDIENTS

- 1 oignon, haché
- 3 gousses d'ail, hachées finement
- 15 ml (3 c. à soupe) d'huile d'olive
- 60 g (1 tasse) d'épinards cuits, égouttés et hachés
- 1 œuf, battu
- 375 g (1 ½ tasse) de ricotta
- 100 g (1 tasse) de fromage râpé
- 12 cannellonis
- 750 ml (3 tasses) de sauce tomate

## ASSAISONNEMENTS

- 5 g (1 c. à soupe) de basilic
- 5 g (1 c. à soupe) de thym
- 5 g (1 c. à soupe) de persil
- Sel et poivre

| Valeur nutritive par portion (1/6 de la recette) |
|---|
| **Teneur** |
| **Calories 440** |
| **Lipides** 20 g |
| **Sodium** 630 mg |
| **Glucides** 45 g |
| fibres 5 g |
| **Protéines** 22 g |

## PRÉPARATION

Préchauffer le four à 180 °C (350 °F).

Dans une poêle chaude, faire revenir l'oignon et l'ail dans l'huile. Transvider dans un bol. Ajouter les épinards, l'œuf, la ricotta, 50 g (½ tasse) de fromage râpé et les assaisonnements.

Farcir les cannellonis avec la préparation d'épinards. Les placer dans un plat de cuisson. Ajouter la sauce tomate additionnée de 250 ml (1 tasse) d'eau. Garnir du fromage râpé restant. Cuire au four pendant 30 à 40 minutes ou selon les indications inscrites sur la boîte de cannellonis.

Servir avec une salade de légumes tendres.

## CONSEIL PRATIQUE

Pour gagner du temps, vous pouvez cuire les cannellonis dans l'eau bouillante jusqu'à mi-cuisson. Ajoutez alors seulement 125 ml (½ tasse) d'eau à la sauce tomate avant de mettre le plat au four.

# POISSON pané

4 portions • **PRÉPARATION** : 15 minutes • **CUISSON** : 40 minutes

## INGRÉDIENTS

- 1 oignon, haché
- 30 ml (2 c. à soupe) d'huile de canola
- 750 ml (3 tasses) de bouillon de poulet pauvre en sodium
- 140 g (¾ tasse) d'orge mondé
- 200 g (2 tasses) de champignons frais, hachés
- 100 g (1 tasse) de chapelure
- 400 g (14 oz) de tilapia (4 filets moyens)
- 2 œufs, battus
- 180 g (2 tasses) de brocoli, coupé en morceaux
- 200 g (1 tasse) de haricots verts
- Le jus de 1 citron

## ASSAISONNEMENTS

- 5 g (1 c. à soupe) de thym séché
- 3 g (1 c. à soupe) d'aneth séché
- Sel et poivre

| Valeur nutritive par portion | |
|---|---|
| **Teneur** | |
| **Calories** | **500** |
| **Lipides** | 14 g |
| **Sodium** | 750 mg |
| **Glucides** | 58 g |
| fibres | 11 g |
| **Protéines** | 33 g |

## PRÉPARATION

Dans une casserole, faire revenir l'oignon dans 15 ml (1 c. à soupe) d'huile de canola. Ajouter le bouillon de poulet, l'orge et les champignons. Porter à ébullition, couvrir et laisser mijoter à feu doux pendant 30 minutes.

Entre-temps, dans un bol, mélanger la chapelure avec les assaisonnements.

Tremper les filets de tilapia dans les œufs battus, puis dans la chapelure assaisonnée.

Dans une poêle chaude, à feu moyen, faire dorer les filets dans le reste de l'huile de canola. Retourner délicatement les filets après 3 minutes de cuisson et laisser cuire encore 3 minutes.

Mettre les légumes dans un bol avec un petit fond d'eau et les cuire au four à micro-ondes pendant 4 à 5 minutes pour qu'ils soient tendres, mais encore croquants.

Arroser le poisson d'un filet de jus de citron et servir avec les légumes et l'orge.

## VARIANTES

- Vous pouvez remplacer le tilapia par un autre poisson blanc, comme la sole ou la morue.
- Vous pouvez substituer la moitié de la chapelure par du son d'avoine pour augmenter votre apport en fibres solubles.

# POULET
## au beurre d'arachide

4 portions • **PRÉPARATION** : 15 minutes • **CUISSON** : 15 minutes

### INGRÉDIENTS

- 15 ml (1 c. à soupe) d'huile de sésame
- 400 g (14 oz) de poulet (4 petites poitrines), coupé en morceaux
- 110 g (4 oz) de vermicelles de riz
- 135 g (½ tasse) de beurre d'arachide naturel
- 15 g (1 c. à soupe) de miel
- 30 ml (2 c. à soupe) de sauce soya pauvre en sodium
- 2 poivrons rouges, coupés en morceaux
- 300 g (3 tasses) de champignons frais, coupés en gros morceaux

### ASSAISONNEMENTS

- Flocons de piment
- Poivre

### PRÉPARATION

Dans une poêle, chauffer l'huile de sésame et faire revenir les morceaux de poulet. Baisser le feu et cuire pendant 5 à 6 minutes.

Entre-temps, dans un bol, mettre les vermicelles de riz et 1 l (4 tasses) d'eau bouillante. Laisser reposer 5 minutes, puis égoutter.

Dans une tasse à mesurer, mélanger le beurre d'arachide, le miel, la sauce soya, 125 ml (½ tasse) d'eau et les assaisonnements. Faire chauffer au four à micro-ondes pendant 30 secondes, puis bien mélanger.

Une fois le poulet presque cuit, ajouter les légumes et la sauce. Bien mélanger et laisser cuire 5 minutes. S'assurer que le poulet est bien cuit avant de le servir avec les vermicelles de riz.

### INFO SANTÉ DIGESTIVE

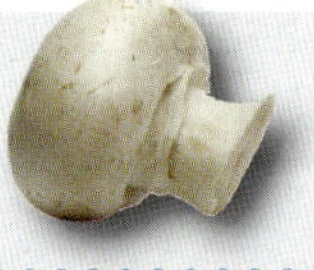

Les champignons sont riches en nutriments bons pour la santé tels que le cuivre, le potassium et le sélénium. De plus, ils sont une excellente source de fibres solubles faciles à digérer qui permettent de diminuer les inconforts digestifs.

| Valeur nutritive par portion |
|---|
| Teneur |
| **Calories 480** |
| **Lipides** 22 g |
| **Sodium** 410 mg |
| **Glucides** 40 g |
| fibres 5 g |
| **Protéines** 34 g |

# BŒUF aux légumes

4 portions • PRÉPARATION : 20 minutes • CUISSON : 45 minutes

## PRÉPARATION

Dans une casserole, amener à ébullition 500 ml (2 tasses) d'eau. Ajouter l'orge et cuire pendant 30 minutes.

Enrober les tranches de bœuf de fécule de maïs.

Dans une poêle, faire revenir l'oignon dans l'huile de canola pendant 1 à 2 minutes. Ajouter les tranches de bœuf et laisser dorer pendant 5 minutes.

Ajouter les assaisonnements, les légumes et le bouillon de bœuf. Poursuivre la cuisson pendant 3 à 4 minutes ou jusqu'à épaississement de la sauce.

Servir le bœuf avec l'orge.

## INGRÉDIENTS

- 190 g (1 tasse) d'orge mondé
- 400 g (14 oz) de bœuf, coupé en tranches minces
- 8 g (1 c. à soupe) de fécule de maïs
- ½ oignon, haché finement
- 30 ml (2 c. à soupe) d'huile de canola
- 16 asperges fraîches ou surgelées, coupées en morceaux
- 1 boîte de 400 ml (14 oz) de petits épis de maïs
- 250 ml (1 tasse) de bouillon de bœuf pauvre en sodium

## ASSAISONNEMENTS

- 15 g (1 c. à soupe) de poudre d'ail
- 5 g (1 c. à soupe) de basilic séché
- Sel et poivre

### INFO SANTÉ DIGESTIVE

Source de fibres douces, l'orge est idéale pour les soupes, ragoûts et salades. Facile à digérer, elle permet de bien réguler le système digestif et aide à diminuer les sensations douloureuses dues au syndrome du côlon irritable.

| Valeur nutritive par portion | |
|---|---|
| **Teneur** | |
| **Calories** | **470** |
| **Lipides** | 15 g |
| **Sodium** | 160 mg |
| **Glucides** | 55 g |
| fibres | 12 g |
| **Protéines** | 32 g |

# LINGUINES
## aux champignons

6 portions • **PRÉPARATION** : 15 minutes • **CUISSON** : 30 minutes

### INGRÉDIENTS

- 300 g (10 oz) de linguines
- 15 ml (1 c. à soupe) d'huile d'olive
- 1 oignon, haché
- 1 gousse d'ail, hachée finement
- 400 g (4 tasses) de champignons frais, coupés en tranches
- 125 ml (½ tasse) de bouillon de poulet pauvre en sodium
- 15 g (2 c. à soupe) de farine tout usage non blanchie
- 500 ml (2 tasses) de lait
- 200 g (1 tasse) de jambon haché
- 120 g (4 tasses) de jeunes pousses d'épinards

### ASSAISONNEMENTS

- 1 g (1 c. à thé) de thym séché
- 5 g (1 c. à soupe) de persil frais ou séché
- Sel et poivre

### PRÉPARATION

Faire cuire les pâtes dans une grande casserole d'eau bouillante selon les indications inscrites sur l'emballage.

Dans une grande poêle, chauffer l'huile d'olive et cuire l'oignon et l'ail pendant 2 à 3 minutes. Ajouter les champignons, le bouillon de poulet et le thym. Poursuivre la cuisson pendant environ 5 minutes ou jusqu'à ce que les champignons soient ramollis.

Dans un bol, incorporer la farine au lait, puis verser peu à peu dans la poêle. Cuire pendant 10 minutes en remuant régulièrement jusqu'à ce que la sauce épaississe.

Ajouter le jambon, le persil, du sel et du poivre. Ajouter les épinards et cuire 2 à 3 minutes pour les faire tomber. Mélanger la sauce avec les pâtes et servir.

| Valeur nutritive par portion |
| --- |
| **Teneur** |
| **Calories 355** |
| **Lipides** 11 g |
| **Sodium** 525 mg |
| **Glucides** 50 g |
| fibres 5 g |
| **Protéines** 19 g |

# À PROPOS
## de l'auteure

Diplômée en biochimie et en nutrition de l'Université Laval, Alexandra Leduc est avant tout une nutritionniste passionnée par les saveurs et soucieuse de la santé de la population. En 2010, elle fonde l'entreprise Makéa (www.makea.ca), qui lui permet d'offrir une gamme de services pour aider la population à manger sainement. La clinique de nutrition Makéa reçoit en consultation différents types de clientèles qui, grâce à des services personnalisés, réussissent à atteindre leurs objectifs de santé.

Alexandra transmet également sa passion pour la santé en donnant des conférences, en participant à des chroniques radio et en collaborant à plusieurs revues, journaux et médias Web. Vous pouvez également consulter ses chroniques et suivre ses conseils sur son site Internet (www.alexandraleduc.com).

Elle aime tout particulièrement développer des recettes santé savoureuses. Elle est l'auteure de plusieurs livres de cuisine : *Cuisine 5 ingrédients*, sorti en 2012, est un ouvrage parfait pour ceux qui désirent cuisiner sainement, mais rapidement, sans compromettre le goût. *Cuisine Camping*, paru en 2013, s'adresse aux adeptes du plein air qui veulent cuisiner à l'extérieur tout en variant leur alimentation.

En 2011, elle a été nommée « Jeune personnalité d'affaires 2011 – Catégorie services professionnels » lors du concours JPA de la Jeune chambre de commerce de Québec. En mai 2013, elle a également reçu le prix Jeune femme de mérite 2013 lors du concours et gala Femmes de mérite de la YWCA Québec.

**www.alexandraleduc.com**
**www.makea.ca**

# REMERCIEMENTS

Tout d'abord, un immense merci à ma famille et à mon conjoint, Jean-Philippe Sirois, sans qui je ne ferais sûrement pas ce que j'accomplis aujourd'hui. Votre soutien et vos encouragements inconditionnels font toute la différence. Merci à ma mère, Christiane, qui teste et participe à l'élaboration de mes recettes avec plaisir. Ton aide est toujours si précieuse.

Merci à ma collaboratrice chez Makéa, Laurie Parent-Drolet. Un grand merci aussi à Marie-Pier Tremblay, nutritionniste, et à ma sœur Gabrielle pour avoir pris le temps de tester mes recettes avec plaisir.

Un merci tout particulier au Groupe Modus, à Marc Alain et à Isabelle Jodoin pour votre confiance et pour les beaux projets auxquels vous me permettez de participer. Vous me faites vivre une belle expérience. Merci pour votre travail qui aidera sans aucun doute la population à manger plus sainement. Je remercie également l'éditrice adjointe Nolwenn Gouezel pour ses conseils et suggestions, et les designers graphiques Émilie, Gabrielle et Marianne pour la belle mise en page.

Je ne peux passer sous silence le travail d'André Noël, photographe, qui arrive toujours à rendre mes recettes si appétissantes en images. Après tout, on mange d'abord avec les yeux !

# RESSOURCES
## pour les personnes atteintes du syndrome du côlon irritable

**CANADA**
Association des maladies gastro-intestinales fonctionnelles
90, boulevard Sainte-Foy, bureau 105
Longueuil J4J 1W4
Ligne sans frais : 1 877 990-3355
Téléphone : 514 990-3355
Courriel : info@amgif.qc.ca

**ÉTATS-UNIS**
The John Hopkins Division of Gastroenterology and Hepatology
www.hopkinsmedicine.org/gastroenterology_hepatology/

International Foundation for Functional Gastrointestinal Disorders
About Irritable Bowel Syndrome
www.aboutibs.org

**FRANCE**
Association des patients souffrant du syndrome de l'intestin irritable
www.apssii.org/accueil/index.php

**SUISSE**
Société suisse de nutrition
www.sge-ssn.ch/fr/

Association suisse des diététiciens et diététiciennes diplômés
www.svde-asdd.ch/fr/index.cfm?treeID=263

**BELGIQUE**
www.monplannutrition.be

# INDEX
## des recettes

### PETITS-DÉJEUNERS



### COLLATIONS



### PLATS PRINCIPAUX

# TABLEAU des équivalences

* 1 c. à thé au Québec équivaut à 1 c. à café en France

| QUÉBEC | FRANCE |
|---|---|
| Beurre d'arachide | Beurre de cacahuète |
| Bleuets | Myrtilles |
| Boisson de soja | Jus de soja |
| Canneberges | *Cranberries* ou airelles |
| Citrouille | Potiron |
| Croustilles | *Chips* |
| Farine de blé entier | Farine type 110 |
| Farine non blanchie | Farine type 65 |
| Filet de porc | Filet mignon de porc |
| Gomme à mâcher | *Chewing-gum* |
| Granola | Muesli |
| Gruau | Porridge |
| Huile de canola | Huile de colza |
| Lait 1 % M.G. | Lait écrémé |
| Laitue Boston | Laitue beurre |
| Lime | Citron vert |
| Morue fraîche | Cabillaud |
| Papier parchemin | Papier sulfurisé |
| Poudre levante (communément appelée « poudre à pâte ») | Levure chimique |
| Tasse à mesurer | Verre gradué |
| Yogourt | Yaourt |

# SAVOIR QUOI MANGER

**Une alimentation adaptée à vos besoins grâce aux conseils de nutritionnistes québécoises**

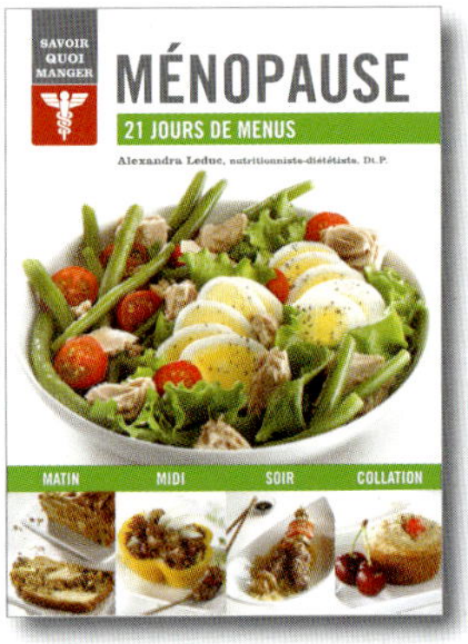


**SAVOIRQUOIMANGER.COM**